노량진 수험생들과 함께 한 365일의 공부법 기록

공무원 시험을 위한 코칭

노량진 수험생들과 함께 한 365일의 공부법 기록

공무원 시험을 위한 코칭

발행일	2016년 03월 31일		
지은이	정 산(鄭山)		
펴낸이	손 형 국		
펴낸곳	(주)북랩		
편집인	선일영	편집	김향인, 서대종, 권유선, 김예지
디자인	이현수, 신혜림, 윤미리내, 임혜수	제작	박기성, 황동현, 구성우
마케팅	김회란, 박진관, 김아름		
출판등록	2004. 12. 1(제2012-000051호)		
주소	서울시 금천구 가산디지털 1로 168, 우림라이온스밸리 B동 B113, 114호		
홈페이지	www.book.co.kr		
전화번호	(02)2026-5777	팩스	(02)2026-5747
ISBN	979-11-5585-918-6 13320(종이책)		979-11-5585-919-3 15320(전자책)

잘못된 책은 구입한 곳에서 교환해드립니다.
이 책은 저작권법에 따라 보호받는 저작물이므로 무단 전재와 복제를 금합니다.

이 도서의 국립중앙도서관 출판예정도서목록(CIP)은 서지정보유통지원시스템 홈페이지(http://seoji.nl.go.kr)와
국가자료공동목록시스템(http://www.nl.go.kr/kolisnet)에서 이용하실 수 있습니다.
(CIP제어번호: CIP2016008019)

성공한 사람들은 예외없이 기개가 남다르다고 합니다.
어려움에도 꺾이지 않았던 당신의 의기를 책에 담아보지 않으시렵니까?
책으로 펴내고 싶은 원고를 메일(book@book.co.kr)로 보내주세요.
성공출판의 파트너 북랩이 함께하겠습니다.

노량진 수험생들과 함께 한 365일의 공부법 기록

공무원 시험을 위한 코칭

정 산(鄭 山) 지음

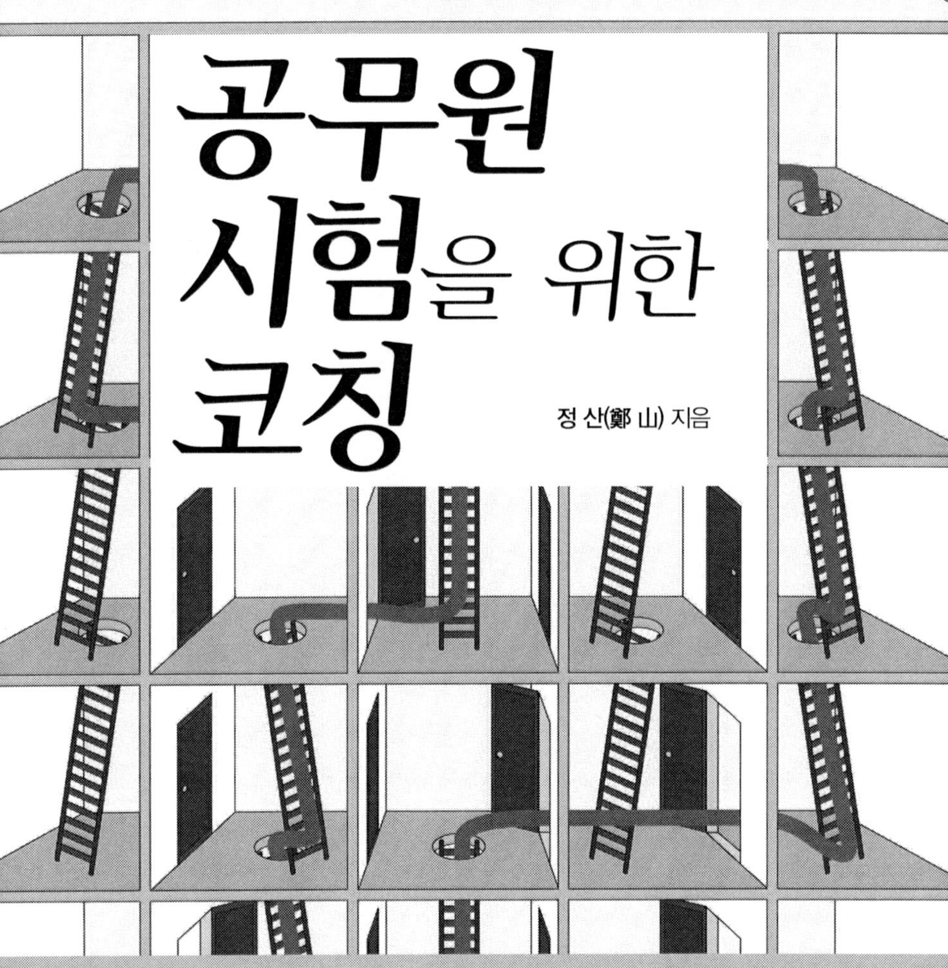

공무원시험, 비밀은 따로 있다! 합격의 '맥'을 짚어라

북랩 book Lab

노량진은 공무원 시험 준비생들의 메카로 알려져 있습니다.

따사로운 햇살의 봄소식을 만끽하기보다는 시험을 준비하는 비장함에 계절을 잊고 사는 곳이기도 합니다. 20만 명이 응시하고 도전하는 시험, 대한민국 9급 공무원 시험입니다.

동량지재棟梁之材로 대한민국을 이끌어 갈 주역들이 꿈을 이루는 곳에서 지난 365일을 울고 웃으며 그들과 함께 고민하고 아파하며 경험한 기록을 적습니다.

막연한 희망고문으로 불합격의 아픔을 안고 사는 5년차 이상 된 수험생의 이야기부터, 새내기 수험생의 좌충우돌 고민을 함께 하며 생생한 노량진 이야기를 하고 싶었습니다.

행정직 공무원, 경찰직 공무원, 법원직 공무원, 소방직 공무원, 임용고시 등 공무원 수험생 40만 명 시대라고 합니다. 주부 수험생, 직장인 수험생, 대학생 수험생 이제는 고등학생 수험생도 만납니다.

대한민국에서 공무원 시험 준비를 하기 위해 꼭 한 번씩 거치는 노량진은 그래서 꿈과 희망의 땅입니다.

합격자에게 박수를 보냅니다. 아니, 그들이 선택한 직업에 대해 박수를 보내는 것이 맞을 것도 같습니다. 우리 시대는 안정을 위해 공무원이 되라고 합니다.

합격과 불합격의 갈림길에서 우리는 합격의 기쁨만을 보려고 했지, 불합격한 이들의 아픔을 어루만질 여유가 없었습니다.

왜? 그토록 간절히 공부하는데 불합격을 번번이 경험해야 하는가?

이 해답을 찾기 위해 200여 명의 수험생들과의 공부상담을 통해 그 해결책을 찾아보았습니다.

공부하는 방법을 모른 채 무작정 시험공부를 시작하는 현실. 친구가 공무원 시험에 합격하는 것을 보고 나도 한 번 해보겠다는 결심을 합니다.

그렇게 바로 내일이면 수험생이 됩니다. 이것이 공무원 시험을 준비하는 많은 사람들의 출발점입니다.

'묻지마식 공무원 되기' 열풍의 부작용은 생각보다 심각합니다.

3~7년을 공부하며 불합격의 아픔을 오롯이 감내하는 수험생도 있습니다.

어디서부터, 어디가 잘못됐는지를 알기 위해 새벽기차를 타고 달려온 어머니와 수험생도 있었습니다.

시험에도 코칭Coaching이 필요합니다.

이 책은 공무원 시험에 합격하기 위한 저자와 수험생들의, 불 꺼진 새벽을 걸어간 기록이기도 합니다. 지금은 새벽 3시를 향하지만 독서실 불은 꺼지지 않고 공부에 매진합니다.

이들이 걸어간 길을, 합격이라는 결과만을 기다리며 평가해서는 안 됩니다. 절박함과 막막한 수험생의 길에서 공부 코칭을 하려고 합니다.

마흔이 넘어 퇴직 후 노량진에 들어와 중고서점을 하고, 식당을 운영하다 실패했습니다. 당시의 힘든 현실을 잊으려 시도한 것이 공무원 시험입니다.

6개월의 노력으로 〈지방직 공무원 9급 합격〉, 〈국가직 공무원 7급 합격〉을 동시에 이루었습니다. 함께 공부하며 지도한 10여 명의 수험생 역시 합격의 영광을 안았습니다.

공부하는 방법을 알고 시작하는 것과 준비 없이 시작한 공부는 많은 차이가 있습니다. 합격과 불합격을 판가름하는 건 곤일척의 한판 대결입니다.

공부방법을 먼저 익히고 연습해야 합니다. 공무원 시험에 대해 알아야 합니다. 노량진에 대해 알아야 합니다.

하지만 노량진에는 코칭이 없었습니다. 수험생활 내내 단 한 번의 공부상담도 없이 떨어지는 연습만 하고 있습니다.

코칭은 당신의 잠재력을 일깨웁니다. 1%의 가능성을 보고 칭찬과 격려를 아끼지 않습니다. 함께 밤을 새우더라도 당신의 합격을 새벽에는 만나고 싶습니다.

공부하는 방법을 알고 이를 실천하는 의지만 있다면 누구나 가능합니다. 합격을 위한 준비에는 코칭이 필요합니다.

365일을 하루도 쉬지 않고 노량진 후미진 골목을 지나 작은 서재에서 수험생들과 함께 한 이야기를 들려 드립니다,

아프고 힘겨운 청춘들의 이야기에서 작은 울림 하나 전해 드릴 수 있기를 바랍니다.

당신의 합격을 두 손 모아 기원합니다.

노량진 서재에서 정산(鄭山)

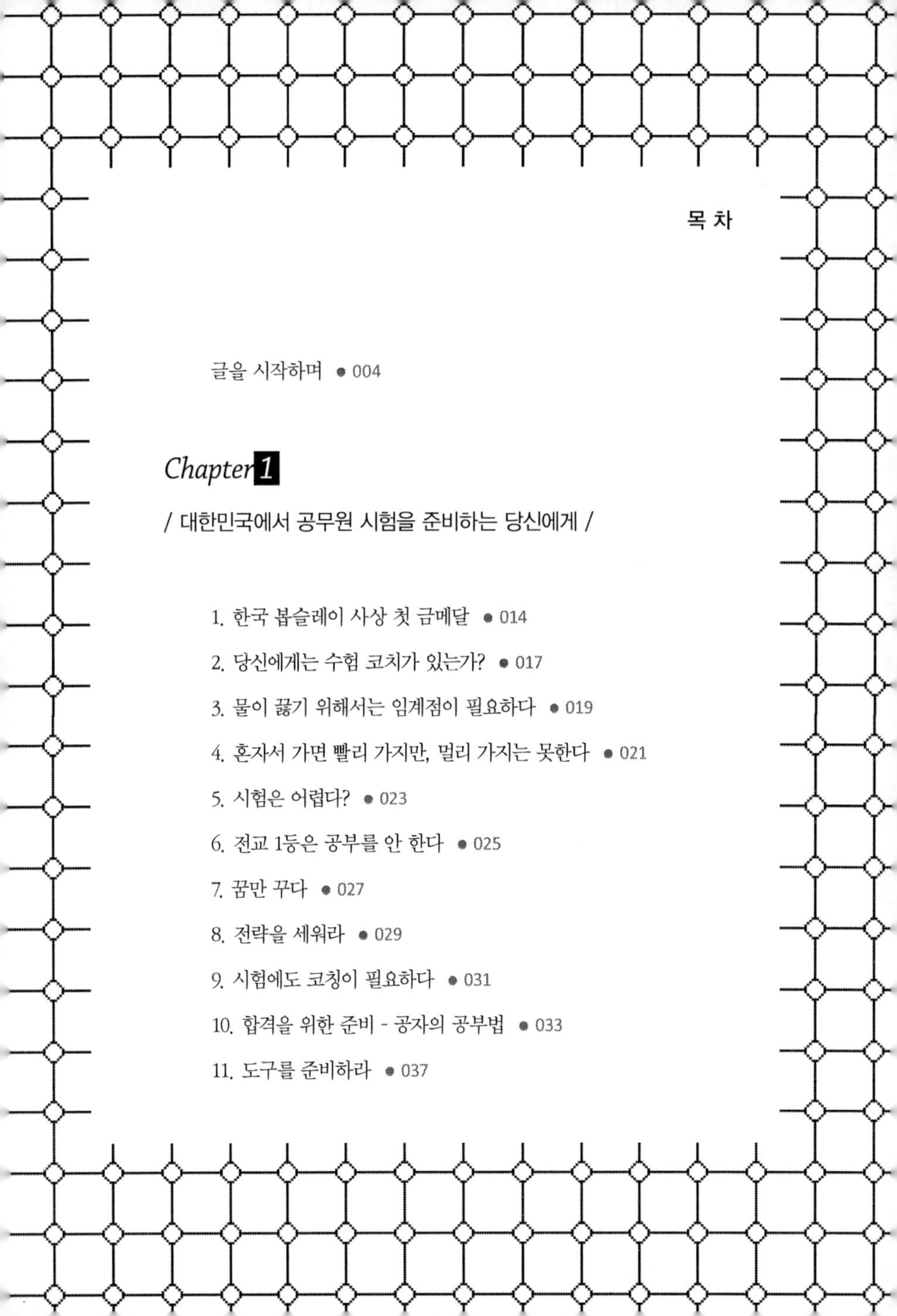

Chapter 2

/ 공무원 시험을 위한 코칭 /

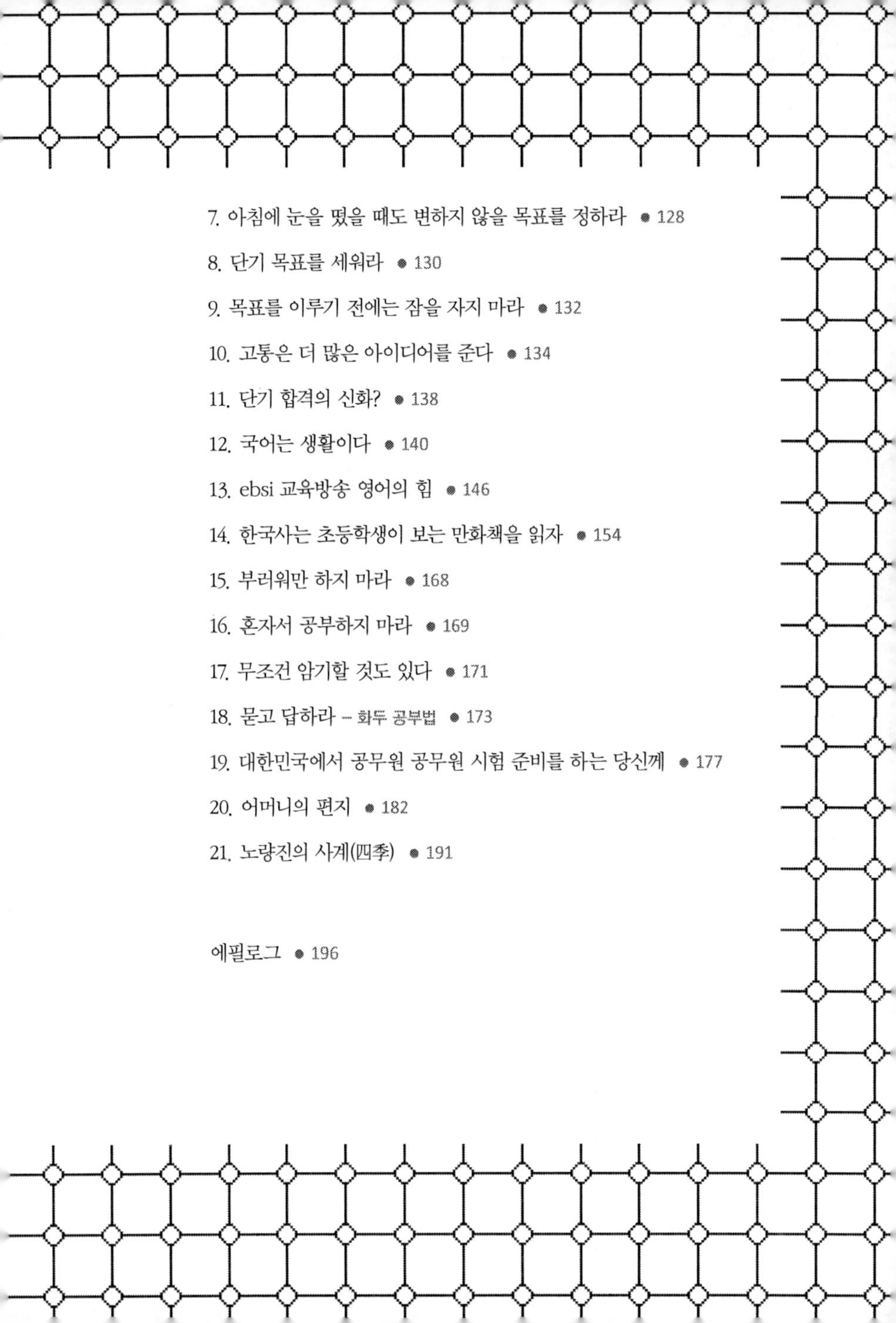

Chapter 1

대한민국에서
공무원 시험을 준비하는 당신에게

1

한국 봅슬레이 사상
첫 금메달

제자들은 얼음 위를 달리는 썰매에 올랐습니다. 스승의 이름이 적힌 헬멧을 쓰고 결승선을 통과하였습니다.

로이드 코치는 눈을 감는 순간까지 이들을 격려하고 위로했습니다. 제자들의 훈련에 방해가 될까 염려하여 암 투병 사실도 알리지 않았습니다.

"나의 죽음을 제자들에게 알리지 말라."

로이드 코치의 유언이었습니다.

외신들은 일제히 봅슬레이 불모지 한국의 금메달 소식을 알

렸습니다. 한국의 첫 금메달은 기적이라고….

우리나라는 몇 년 전만 해도 변변한 봅슬레이 훈련장 하나 없었습니다. 썰매를 살 돈도 없어 중고를 빌려서 연습을 했고 이것으로 경기에 참여해야만 했습니다.

캐나다에서 열린 봅슬레이 스켈레톤 월드컵 5차 대회에서 원윤종, 서영우 선수는 금메달을 땄습니다.

2018년 평창동계올림픽 개최로 우리나라에도 그나마 국내에서 연습할 장소가 생겼습니다. 봅슬레이 불모지 대한민국이었습니다.

이러한 열악하고 어려운 환경을 극복하고 0.1초에 승부를 내는 경기인 봅슬레이 금메달. 사람들은 모두가 '기적'이라고 말합니다.

지난 2월 향년 68세로 세상을 떠난 고머 로이드 코치. 미국과 영국 등지에서 경력 40년의 지도자 생활을 한 뒤 2014년에 대한민국 봅슬레이 코치로 영입되신 분입니다.

한국 봅슬레이를 세계 최고로 만든 코치 로이드! 그는 전 세계 경기장을 꿰뚫고 있어 선수 개개인의 능력을 최대한 이

끌었고 선수 개인별 맞춤형 훈련을 시켜 1%의 가능성을 세계 최고로 만든 '마이다스의 손'이었습니다.

열정과 지식을 아낌없이 제자들에게 전해주었던 코치였고 선수들 역시 최선의 노력을 다했습니다. 봅슬레이 역사상 최초의 금메달 획득은 기적이 아니었습니다. 로이드 코치가 그 뒤에 있었고, 그 가르침대로 최선을 다한 선수들의 땀이 있었습니다.

공무원 시험에도 로이드 코치가 필요합니다.

2

당신에게는
수험 코치가 있는가?

노량진의 봄은 수험 새내기들의 향연입니다. 여행 가방 가득 옷가지와 책을 준비해 상경합니다. 서울에 가면 성공한다는 오랜 전설을 따라 무작정 짐을 꾸려 수험세상 속으로 뛰어듭니다.

마음의 준비만 한 채 각박한 서울로 옵니다. 노량진 학원가의 무차별적 광고지 벽보, 70원 전화부스에 그림처럼 붙은 전단지는 강사의 엷은 미소와 함께 초보 수험생을 반깁니다.

스파르타반!
자물쇠반!
1년 합격 종일반!

어디서 '로이드 코치'를 만날 수 있을지 모르겠습니다. 여기 저기 헤매다 발길이 머무는 곳으로 들어갑니다. 나를 반기는 곳은 많지만 나에게 전해주는 것은 학원의 커리큘럼과 시간표….

"등록하러 오셨나요?"
"네."
"시작은 종합반부터 하시면 돼요."
"카드 주세요. 일시불이시지요?"
"…"

강사의 미소와 학원의 친절한(?) 광고는 어딘가로 사라지고 차가운 거래만 존재합니다.

나를 위한 학원은 없습니다. 그들 중의 한 명일 뿐.

3

물이 끓기 위해서는
임계점이 필요하다

공부를 시작한 하루입니다. 아침에 눈을 뜨니 내 모습은 수험생입니다. 공무원 시험을 위한 첫 발걸음.

결심을 합니다. '1년만 하자!'

'학원에서는 최소 2년은 해야 한다고 했으니 나는 1년 안에 합격하는 저력을 보여 줄 테야.'

학원 종합반 수업을 들어야 합니다.

모두 새내기 1학년 수험생입니다.

저마다 어리둥절한 모습으로 두꺼운 책과 딱딱한 표정의 수업은 어색하기만 합니다.

물이 끓기 위해서는 기다림이 필요합니다.

99도에서는 물이 끓지 않습니다.

임계점을 향해!

…

1도가 부족합니다.

1도만 부족해도 물은 끓지 않습니다.

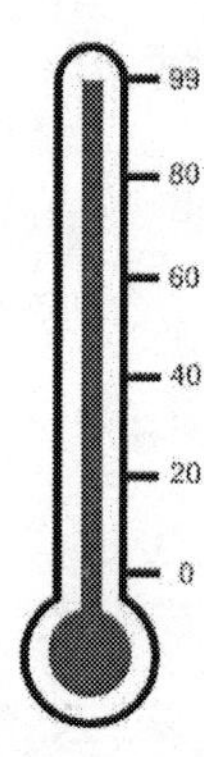

공무원 시험을 위한
코칭

4

혼자서 가면 빨리 가지만,
멀리 가지는 못한다

공부가 어렵습니다.

학원 수업과 동영상 강의 수업을 과목당 6개월씩, 봐도봐도 끝이 없습니다.

교과서 3,000페이지와 동영상 강의 100강을 소화하려고 잠을 줄여가며 보았습니다.

'끝이 어디니?'

책에게 물어봅니다.

어렵기만 합니다.

인터넷을 뒤지게 됩니다. 밥 먹을 때 옆 사람의 이야기에 귀를 쫑긋하게 됩니다.

“○○학원 ○○강사 책 괜찮더라.”
……

서점으로 달려갑니다.
책을 손에 넣었습니다.
오늘은 행복한 하루입니다.
내일부터는 이 책으로 공부하리라 결심합니다.
합격을 위한 노력은 이렇게 계속해서 진행됩니다.
내 잔머리는 역시….

이상하게도 허기가 집니다.
책을 아무리 많이 가지고 있어도 늘 책이 고픕니다.

5

시험은 어렵다?

첫 시험!

오늘은 공무원 시험을 준비하고 처음 보는 시험입니다.

이 세상 무엇이든지 처음은 설렘이 있습니다.

붙을 생각은 없습니다.

그냥 시험장 구경도 하고 앞으로 제대로 공부해서 본시험 보러 갈 때 합격하면 됩니다.

마음에 부담이란 놈을 내려놓

고, 시험 고사장인 ○○중학교 앞에 들어섭니다. 모두가 비장한 표정으로 지나갑니다.

저도 모르게 마음에 긴장감이 감돕니다. '대한민국 9급 공무원 시험 제27 시험장' 표지가 눈에 들어옵니다.

무려 400 : 1의 경쟁률입니다.

누구에게 물어보아야 할까요?

내가 어떻게 저 안에 들어갈 수 있을지.

그래도 시험은 즐거운 소풍이었습니다.

나를 닮은 사람들을 보니 반갑고 서러웠지만….

그래도 동병상련!

모처럼 만의 외출이었습니다.

6

전교 1등은
공부를 안 한다

시험공부를 시작하면서 자꾸 옛날 생각이 납니다.

대학을 졸업하고, 직장을 그만두고, 대학을 포기해도 더 버릴 것이 없습니다.

이젠 버릴 것조차 남은 게 없는 내게, 세상은 선택권을 주지 않았습니다. 그냥 이 길밖에는 없다고 합니다.

그래서 생각합니다.

시험을 잘 보던 중학교 시절 3학년 2반 1등을 하던 친구 영석이. 전교 1등 하던 성태를 떠올립니다.

평소에는 수업만 열심히 듣습니다. 그리고 쉬는 시간이면 왁자지껄 함께 떠들고, 함께 놀던 그 친구들은 늘 1등을 합니다. 공부를 별로 열심히 안 하는 것 같은데 늘 1등입니다.

내 짝꿍 지성이는 쉬는 시간마다 필기를 다시 정리하고, 문제집을 몇 권씩 사서 공부합니다. 우리 엄마도 내게 공부하라고 문제집을 사 주시곤 했습니다. 나는 공부하는 방법을 아직 모릅니다.

짝꿍 지성이는 늘 중간입니다.

지성이와 나는 공무원 수험생 상위 10%에 들어야 합니다.

합격생은 내가 돼야 합니다.

방법을 생각하려고 노력 중입니다.

혼자서….

7

꿈만 꾸다

3년이 지났습니다.

꿈에 부풀어 공무원 시험(일명: 공시)에 도전하고 맞는 세 번째 겨울입니다.

혼자 밥을 먹고, 혼자 잠을 자고, 혼자 학원과 독서실을 가고 있습니다. 새내기들이 누군지 장수생이 누군지 알 것도 같습니다.

이제 나는 오래된 책을 보는 장수생이 되었습니다. 손때 묻은 책은 내 분신처럼 가방에서 살고, 독서실 스탠드 불빛 아래는 포근한 안식처가 되어 갑니다.

꿈을 꾼 적이 있었습니다.

신화를 꿈꾸었던 그런 날이 심연처럼 오래된 기억으로 사라집니다.

동력을 잃은 자전거는 언덕 위를 걸어가고, 나지막한 소리만이 나를 이끕니다.

이어폰의 음악만이 나를 위로해주는 세상에 살고 있습니다.

꿈을 다시 꾸어야 합니다.

아직은 촛불을 끌 때가 아니라고….

기도하는 사람이 되어갑니다.

성자가 된 것처럼 살고 있습니다.

8

전략을 세워라

공부를 잘하고 싶습니다. 시험에서 합격을 하고 싶습니다.
단지 이것만 필요합니다. 간절히, 아주 간절히…. 잠을 안 자도
좋고, 지금보다 더 힘들고 어려워도 할 수 있습니다.

방법을 제시해 주세요.
내가 어떻게 하면 되는지 제게 해답을 주세요.

꿈에서도 나는 기도를 합니다. 아니, 신에게 부탁을 하고 있
습니다.

아침입니다.

가끔은 흐리다가도 눈이 부신 햇살도 있습니다. 이제 전략을 세워야 할 것 같습니다. 이대로 가면 안 됩니다.

이렇게 10년이 흘러도 합격은 오지 않을 것 같아 두렵습니다.

공딩(고등학생이 공무원 시험에 도전하는 경우를 지칭)이 몰려오고 직장을 나온 영석이와 성태가 안정을 찾아 도전한다고 합니다.

내게 이쪽 상황을 묻습니다.

"할 만 하니?"

"응… 그냥."

'빨리 이곳을 떠나야 할 것 같은데….'

전략을 세워야 합니다.

9

시험에도
코칭이 필요하다

피겨 여제 김연아에게는 '브라이언 오서' 전에 지금의 김연아를 있게 해 준 안무가 '데이비드 윌슨'이 있었습니다.

김연아 은퇴 경기에 참석해 마지막 무대를 함께 하고 김연아에게 마지막 말을 남깁니다.

"안무가로서 김연아를 만난 건 내 인생 최고의 경험이었다."

이 말에 김연아는 왈칵 눈물로 답을 합니다. 어렵고 힘든 시간을 늘 옆에서 지켜보고 가르침을 준 스승이자 코치 데이비드 윌슨이란 존재가 없었다면, 김연아는 우리가 기억 못 하는 무명의 스포츠 선수로 묻힐 수도 있었을 것입니다. 그는 김연아에게 칭찬과 용기 그리고 늘 '잘했다'는 말을 들려주었다고 합니다.

수험생인 당신에게도 코치가 필요합니다.
"데이비드 윌슨을 만난 건 최고의 행운이었다."라고 김연아는 은퇴인사에서 마지막 말을 남깁니다.
수험생인 당신에게도 은퇴하는 그날이 필요합니다. 당신 곁에 '데이비드 윌슨'이 있다면 당신은 행운아입니다.

10

합격을 위한 준비
공자의 공부법

"시험을 준비하며 '코칭'을 만난 적이 없습니다."

"방법만 안다면 좋겠습니다. 그러면 밤을 새워서라도 해 보겠습니다."

이런 분들이 계신다면 당신에게는 코치를 찾는 일만 남았습니다. 가까운 곳에 있습니다.

시험에 늘 떨어지고 아파하는 수험생들의 이야기에 귀를 기울이지 마세요. 같이 울어주기만 할 뿐입니다.

시험장에 들어가 1분의 승부를 내는 객관식 시험입니다. 실전 경험이 없는 강사들의 이야기에서 답을 찾지 마십시오.

상업화된 학원 광고에서 길을 찾지 마십시오. 장님이 장님을 이끌고 가다가는 모두 물에 빠지고 맙니다.

이미 많은 시험의 코치들이 있었습니다. 그리고 공부의 기술을 가르치고 시험의 기술을 가르쳤습니다.

공자의 이야기를 들어 봅니다.

● 공자의 공부법

어느 날 공자가 여행을 하다가 불량배들을 만났습니다. 불량배들은 공자의 길을 막아서며 말합니다.

"이 구슬 구멍에 실을 꿰면 놓아주지만 그러지 못하면 네가 가진 보따리를 우리에게 넘겨라."

구슬 구멍은 직선이 아니라 꾸불꾸불 뚫려 있었습니다.

'어떻게 여기에 실을 꿸 수 있을까?'

그때 마침 한 아주머니가 머리에 물동이를 이고 지나가는 길이었습니다.

'옳지! 저 아주머니에게 물어봐야겠구나.'

"구멍이 꾸불꾸불한 구슬에는 어떻게 실을 꿰오?"

"개미와 꿀이면 돼요."

아주머니는 공자의 귀에 속삭이고 가던 길을 갔습니다.

공자는 아주머니의 말을 잠시 생각하고 무릎을 탁 내리쳤습니다.

'맞아! 그렇게 하면 되는구나.'

공자는 개미 한 마리를 잡아 허리에 실을 맨 뒤 구슬 구멍으로 넣었습니다. 그리고 반대쪽에는 아주머니 말대로 꿀을 발랐습니다.

그랬더니 꿀 냄새를 맡은 개미가 꿀을 먹으려고 반대편 구멍으로 나와 실이 저절로 꿰어지는 것입니다.

불량배들은 약속한 대로 공자를 놓아줄 수밖에 없었습니다. 세계 100대 생각동화에 나오는 이야기입니다.

'모르면 물어보십시오.'

공자의 공부법은 모르면 알려고 노력해 보라는 것입니다. 물어보는 것을 싫어하는 사람이 많습니다. 자존심이 상해서도 그렇고, 부끄럽고 미안해서도 그렇다고 합니다.

어떤 사람이든 모든 분야에 대해 다 알 수는 없습니다. 처음부터 지혜롭고 모든 것을 다 잘할 수는 없습니다.

내가 모르고 있는 것을 솔직히 말하고, 모르는 것은 좀 더 잘 아는 사람에게 물어서 새로운 방법이나 지혜를 습득하는 것이 현명한 것입니다.

우리 주변에는 많은 스승들이 있습니다.

노량진 2동 박리김밥은 매일 새벽 4시면 영업 준비를 합니다. 하루도 쉬지 않고 그 시간이면 가게 안에 불이 켜집니다.

새벽까지 공부를 하고 돌아가는 길에 생각합니다. 노력하는 자세를, 성실한 하루를….

우리 동네 가까이에도 나를 위한 '코칭'이 있었습니다.

11

도구를 준비하라

시험을 준비하는 수험생에게는 최소한의 도구가 필요합니다. 과목별 절대적인 시간이 필요합니다.

무한정의 시간이 필요하지는 않습니다. 그러나 합격에 필요한 만큼의 공부는 시간을 필요로 합니다.

직장인 수험생을 만났습니다. 자투리 시간을 활용하며, 주말을 반납하고 도서관에서 공부에 매진하지만 늘 시간은 부족합니다.

두꺼운 책과 동영상 강의는 부담으로 다가와 잠을 설치게 합니다. 새벽에 일찍 일어나 공부하다 보니 직장에서 일하기가 버겁습니다. 늘 시간과의 전쟁입니다.

장수생인 한 여학생을 만났습니다. 3년을 공부하다 보니 은행 부채가 가슴을 답답하게 합니다.

아낀다고 했는데도 오늘 저녁을 걱정하는 수험생이 되어갑니다. 우리는 의지와 열정을 가지고만 시험을 준비합니다.

도구를 가지고 계신가요?

장거리 경주에 필요한 것은 아니더라도 단거리 종목을 준비할 만큼은 가지고 있어야 합니다.

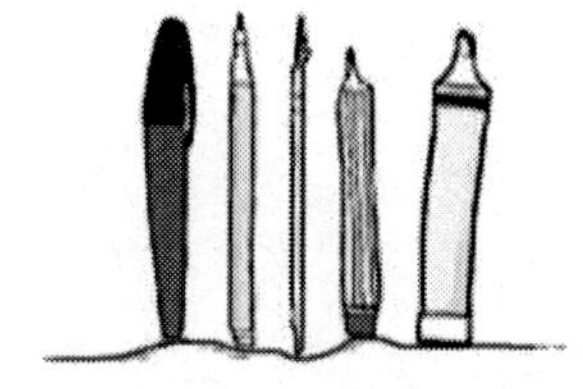

12

절박함은
가장 강력한 무기

포기하고 싶을 만큼 힘든 시간입니까?

무엇을 버리고 양보해도 채워지지 않는 삶의 욕구들을 어디까지 버려야 내 것 하나가 남는 걸까요?

젊음은 늘 웅크리라 합니다. 숨만 쉬어도 돈이 필요하고 꿈만 꾸어도 돈이 필요한 세상에서 절박함은 무거운 짐으로만 다가옵니다.

시험을 준비하면서 걱정거리가 많아집니다.

시험이 다가올수록 불안감과 떨림이 더욱 심해집니다.

올해는 합격을 반드시 해야 하지만, 지금 하는 것이 최선이
기를 바라지만, 늘 부족한 점수를 바라보면 한숨만 깊어집니
다. 경제적인 곤궁함과 마음의 결핍은 나를 더욱 나약하게 몰
아갑니다.

이때 이런 생각을 해 보았습니다.

'지금 걱정해서 해결될 것이 아니면 나중에 하자!'

걱정은 나중에 해도 늦지 않습니다. 지금은 내가 선택한 이
길에서, 가장 절박한 이 마음으로 최선을 다하는 것만 남았다
고 생각해 보세요.

절박함이야말로 당신이 알지 못했던 초인적인 힘을 발휘하
게 합니다. 절박함은 고난이 아니라, 신이 주신 최고의 은총이
란 사실을 알게 됩니다.

13

포기하려면 지금 하라

사랑은 타이밍입니다. 내가 누군가를 사랑할 때, 그녀도 사랑을 찾는 시간이어야 합니다. 합격의 타이밍도 있습니다.

'운 7, 기 3'
운이 7할이며 기회가 3할이란 뜻입니다.

'운이 있다.' '운이 없다.'
운명론적인 이야기이지만 주변의 현상을 보면 존재하는 일상이기도 합니다.

열심히 공부하고 노력해도 안 될 수도 있습니다. 몇 달밖에 준비 안 한 시험에서 덜컥 합격을 하는 경우도 있습니다.

세상에는 설명하기 힘든 일도 존재합니다. 공무원 시험은 연령도 무관하며 학벌도 따지지 않는 그런 시험입니다. 객관적이고 지극히 공평합니다.

불합격을 했습니까? 당신에게 찾아온 고통에서 잠시 눈을 돌려 보세요. 불행에 집중하지 말고 다른 꿈도 있는지 마음의 소리에 귀 기울여 보세요.

포기는 항상 나약한 사람만이 선택하는 그런 것은 아닙니다. 운이 없다고 하는 것이 나에게만 찾아오는 특별한 손님은 아닙니다.

인생 새옹지마입니다. 불행도 행운도 오면 가고, 가면 또 옵니다.

14

시험은 경쟁만 있고
코칭은 없다

오늘은 학원에 들르고, 서점에도 들러 수험서를 사려고 합
니다. 인터넷을 뒤져서 유명하다는 학원에 등록하고 교재를
샀습니다.

행복과 꿈을 안겨줄 선물을 가방 가득 담아 왔지만 힘들지
않습니다. 내가 잘 선택했고 고민한 것이 대견합니다.

참 잘했습니다. 스스로 칭찬해 주고 싶어집니다. 집에 와서
가방을 풀고 책을 하나하나 책상 위에 올려 봅니다.

'휴~'

좀 두껍네요.

페이지 3,000페이지밖에 안 됩니다.

이 정도는 해야지 합격입니다.

코치도 없고 멘토도 없지만 외롭지 않습니다.

내겐 책이 있고 인터넷 동영상 강의가 있잖아요.

모두들 이렇게 해야 합격을 한다고 했습니다.

난 인터넷을 믿습니다.

모두 인터넷을 믿고 있잖아요.

공무원 시험을 위한
코칭

15

교육 상업주의

노예가 없는 세상에서 갇히는 놀이를 해야 합니다. 인터넷 상에서 많은 수험 정보를 얻습니다.

그러나 그 정보는 90% 이상이 광고용 정보입니다. 신문에 있는 합격 수기는 학원에서 의뢰한 감동(?)의 스토리입니다.

저 역시 눈물을 훔치며 읽은 적이 있는 드라마였습니다. 과목별 공부법을 소개하고 천편일률적으로 과목별 교재와 강사가 즐비하게 소개됩니다.

어느 강사의 도움을 받았다.

어느 책이 도움이 되었다.

어느 학원에 다닌 덕에 합격했다.

우리는 무방비로 노출된 시골뜨기가 되어 갑니다.

우리는 늘 이런 바보가 되어야 합니다.

학원의 광고로 도배된 무가지 신문과 벽보로 형형색색인 노량진 거리를 지납니다.

진실은 묻히고 떠밀려 저 밖에서 손짓합니다. 시험의 코칭은 전설이 되어 사라지려 합니다.

누구를 위한 학원인지 구별이 되지 않는 대한민국 공무원 수험가 노량진입니다.

누구를 위한 광고인지 모르지만 수많은 인터넷 팝업창을 봐야 합니다. 우리를 위해 울어주고 위로해 주는 학원과 강사는 없습니다.

수험생들은 이런 홍수 속에서 '다수의 길'을 '안도의 길'로 생각해야 합니다.

오랫동안 수험생활을 했지만 영어 과락으로 고민하던 한 분
이 밤늦게 상담을 하자 합니다. 대화를 시작합니다.

흥분된 어조로 자신의 이야기를 합니다. 들어주기만 할 뿐
인데도 가슴이 답답해집니다.

영어 과락자로 2년.

학원 광고를 보고,

'영어 기초 스파르타반'

'스파르타 단기 완성반'

'영어 생 기초반!' 등등

이렇게 찾아간 영어 기초반 개설된 학원 네 군데를 넉 달 동
안 다녔다고 합니다. 하지만 모두, 기초 강사가 기초가 아닌 영
어를 어렵게만 설명한다 합니다.

강사는 프린트로 수업을 하고 질문을 하면 짜증을 내며 타
임 강사로 온 것이니 학원 측에 물어보라고 하며 사라집니다.

종일반이라 언제든 질문과 상담이 가능하다는 말을 믿고
찾아간 학원이 모두 광고지에만 있는 꿈(?) 같은 수업을 하고

있었다고 합니다.

다시는 광고지를 보고 학원을 못 갈 것 같다고 합니다. 영어 과락자가 많이 나오자 학원들은 앞다투어 수험생을 포획(?)합니다. 학원의 먹잇감이 되는 순간 빠져나갈 수 없는 유혹으로 약점을 공략합니다.

영어 단기완성. 영어 급상승반! 과락 탈출반!

1,000원짜리 커피를 찾아 500원을 아끼기 위해 먼 거리를 오가는 수험생인데… 500원에 1,000원을 보태서 노란색 김밥으로 점심을 때우는 수험생인데… 10,000원을 아끼기 위해 언덕배기 고시원으로 짐을 옮기는 수험생인데….

그들은 아랑곳하지 않습니다. 우리를 알지 못합니다. 우리는 그렇게 꼬깃꼬깃 주머니에 숨겨둔 희망을 값싼 전단지에 팔고 있습니다.

알아듣지 못하고, 경험하지 못한 그 날의 수험생의 분노와 슬픔을 듣고 우리는 헤어집니다. 그도 사라집니다.

아! 대한민국…

우리는 약자이기 이전에 꿈을 가진 수험생이었습니다. 올바른 길을 안내해 줄 것이라 믿었던 우리가 어리석은 것이라 생각해야 합니다.

한 번 더 생각해 볼 것을…

저 역시도 충격과 실망이 교차합니다.

마천루같이 높고 화려해진 건물들은 구멍 난 양말을 신은 아빠 용돈을 줄이고 밥상에는 김치 몇 가지로 단출해져야 보낼 수 있는 내 수업료를 원합니다.

교육을 빙자한 돈(?)놀이에 우리만이 희생양이 되어야 합니

다. 교육이란 그래도 신성한 것이고 보람 있는 가치라 여기며 살았습니다.

제가 아는 가장 훌륭한 교육은 그래도 있다고 생각했습니다.

그러나… 없습니다.

상업주의만 있고 교육은 없었습니다.

학원과 강사들은 하늘에 있지 땅 위에는 존재하지 않습니다. 땅을 밟지 않는 다른 세상에 살고 있는 신성불가침의 영역입니다.

시험 보는 날이면 우리는 인생을 건 초조하고 힘겨운 하루를 보내지만 그들은 쉬는 날이라 휴양지를 찾아 휴식을 취해야 합니다.

우리는 착하고 순수하게만 살아가야 합니다. 오늘도 수업을 듣고 동영상 강의를 보며 학원 강사의 열강(?)에 울고 웃으며 기뻐하는 만큼 그만큼의 희망을 팔아야 합니다. 그래야 우리가 합격할 수 있다고 인터넷은 오늘도 부르짖습니다.

희망은 묻히고 짓밟혀 흔적만 남아 있지만 다시 찾아야겠습니다. 주머니 속 아직 동전이 남았으니 모아서, 모아서…

16

시크릿
Secret

부자 아빠는 부자 아들을 만납니다.

금수저와 흙수저!

가끔은 개천에서 용이 태어날 만도 하지만, 이제 신화를 믿지 않습니다. 합격하면 보통사람처럼 살 수 있다고 합니다. 선택은 없고 오로지 한 길만 있다고 합니다.

부자 아빠는 자신이 걸어간 길을 조금씩 천천히 안내해 주는 등불입니다. 가난한 아빠는 자신이 걸어간 길을 지우기만 합니다.

우리는 합격생을 만나지 못했습니다.
합격생도 자신이 간 길을 지우기만 합니다.
당신에게 등불이 되려 하지도 않습니다.
당신은 그의 아들도 딸도 조카도 아닙니다.

그들만이 아는 '시크릿'을 우리는 알 수 없습니다. 한 끼 식사
로 때우던 김밥과 반찬 없는 컵라면을 당신에게 추천합니다.
우리는 그들이 걸어간 길에서 시크릿을 찾을 수 없습니다.
혼자서 먹는 김밥과 반찬 없이 먹는 컵라면에서 진리를 찾아
내야 합니다.

17

세상은 당신의 성공에
관심이 없다

나는 수험생입니다.

이름은 없고 합격생이 되면 내 이름을 찾을 수 있다고 합니다.

내가 살아온 하루에 의미도 부여하고, 내가 가는 길에 이정
표를 남기고 싶지만 아직은 그럴 수 없습니다.

내 이름은 무명의 수험생입니다.

엄마에게 전화를 합니다.

“산이야. 밥은 잘 챙겨 먹고 있니?”

“아픈 데는 없고?”

“…”

내 이름을 들었습니다.

잊었던 내 이름을 들었고 내가 누구인지 알게 된 순간에 어금니에 힘이 들어갑니다. 눈이 흐려졌지만 그래도 엄마에게는, 우리 아빠에게는 내가 제일 소중한 사람이란 걸….

고맙고 감사합니다. 그래서 힘을 내야 합니다.

“응, 잘 있지….”

“엄마도 잘 지내? 내가 잘할게요.”

우리만이 아는 대화가 무거운 어깨를 토닥거려 주는 저녁입니다.

18

선택은 자유다

'길이 없으면 찾고, 찾아도 없으면 네가 그 길을 만들어라.'

우리는 길을 찾아 여행을 떠났습니다. 어디를 가야 할지, 어떻게 가야 하는지 우리가 정하면 됩니다.

선택은 우리 몫으로 남아 책임을 지웁니다. 누군가는 단기 합격 수기를 써서 나를 유혹합니다.

어떤 이는 장수생의 이야기로 내 마음을 어지럽힙니다. 누구의 길을 따라 걸어가야 할지, 가던 길을 멈춰서 둘러봅니다.

이제부터는 갈림길입니다.

단기합격의 달콤함을 마신 후 취해서 잠이 들어도, 나를 깨워 주는 이는 없습니다. 내가 잠이 들어도, 내가 쓰러져 있어도, 내가 혼자 있을 때도 나는 외롭지 않습니다.

내게는 갈림길이 있었습니다.

가보지 않은 길을 걸어가지 않았지만 이 길이 최선이었을 겁니다. 그냥 그렇게 생각하고 싶습니다.

나는 슬프지 않습니다.

박제가 되어 버린 내 마음에는 심장이 없었기에….

19

사랑하라,
한 번도 상처받지 않은 것처럼
(나의 노량진 이야기)

시작에 앞서 이 글은 대한민국에서 공무원 시험 준비를 하고 있는 힘겨운 시간에게 전하는 이야기입니다.

◆ **인생에 대한 이야기**

공부를 실컷 해 본 적이 없습니다.

24살 군 병장시절 아버지께서 돌아가셔서 제대 후 아르바이트를 6개씩 하며 학교생활을 하였습니다.

밤 늦은 시간, 김밥으로 저녁을 때우며 지낸 젊음이 있었고 지금은 제 나이가 마흔이 훌쩍 넘었습니다.

30대에는 수학강사를 하며 경제적으로 윤택한 생활은 아니지만 그래도 그럭저럭 생활은 하였고 이후 무역회사에 들어가 5년을 지냈습니다.

회사가 어려워져 월급이 3개월 이상 밀리자 나올 수밖에 없었구요.

◆ 노량진에 들어오다

그 뒤 자영업을 해 보겠다고 노량진에서 달팽이 중고서점을 오픈합니다. 퇴직금을 다 투자하여 시작은 했지만 1주일에 손님은 1명이 채 안 오는 경우가 많았습니다.

늘어가는 월세와 유지비로 한겨울에도 난방도 없이 컵라면으로 지내다가 결국 굶는 경우도 생기게 됩니다.

자영업은 가혹하리만큼 제게 힘든 기억이었네요. 며칠 버티다 생각나는 아이디어가 밥집이었습니다. '노량진 수험생들도 나처럼 굶는 경우가 있을까?' 하여 폐지를 줍는 할머니와 작은 밥집인 '안선자 할머니집 3000원'을 시작합니다.

굶지는 않으니 참 좋더군요.

이후 TOP 뷔페라 하여 식당을 1년 하였지만 실패합니다. 6개월 동안 다마스 차량으로 인근 배달만 열심히 다니고 손에 쥐는 건 30만 원이 채 안 되었습니다.

다시 원점의 자리로 돌아옵니다.

아! 이제 어떻게 살지….

마흔이 넘어도 세상은 어렵기는 마찬가지랍니다.

◆ 작은 희망! 행정사 1차 합격

너무나 실망하여 며칠을 방황하다 우연히 인터넷 검색에 행정사라는 자격증을 알게 됐습니다. 초기 시험이니 한번 볼까 하고 원서를 썼지만 온통 고민은 '어떻게 살아야 하나?'였습니다.

공사장에서 일도 하고 아르바이트를 하다가 시험을 1주일 남기고 시험이라도 봐야겠다 싶은 생각이 들었습니다.

저녁 시간에 자투리 시간 동안 민법총칙, 행정학, 행정법 책을 중고서점에서 찾아 미친 듯이 중요 부분을 보고 토요일에 시험장에 갔습니다. 공부한 것이 거의 없어 시험장에 갈까 말까를 열 번은 고민하다가 내린 결정이었습니다. 그래도 4시간은 공부했으니 시험 내용이라도 보고 가자는 마음으로 응시한 겁니다.

8년 만에 보는 OMR 카드!!

오후 1시에 답안지를 맞추어 보니 합격점이 나왔습니다.

오! 마이 갓! 저도 제가 놀랍더군요.

◆ 노량진에서 경찰수험생 영○이와 길○를 만나다

이날 저는 돈도 없고, 가진 것은 아무것도 없었지만 왠지 모를 자신감이 생겼습니다.

'나도 하면 되는구나!' 하구요.

영○이를 만난 것은 이날 오후였습니다. 식당 하면서 안면이 있던 영○이는 아주 우울한 표정으로 있었고, 서로 대화를 하던 중 영어 때문에 늘 시험에 떨어진다는 이야기를 나누었습니다.

시험지를 보여 달라 하여 처음으로 경찰시험지를 보았고 적은 지식이지만 제가 설명을 해 주었습니다.

대뜸 도와 달라 합니다. 저에게….

"나도 몰라. 안 본 지 너무 오래여서 안 돼."

그리고 다음날 또 도와 달라 합니다. 간절하다고….

그래서 시간을 내서 공무원 영어 분석을 했습니다. 무료로 한 달을 봐 주기로 했지만 생활이 안 되는 상황이 계속되어 맘 잡고 열심히 가르칠 테니 성적 오르면 학원이나 해야겠다 싶어 열심히 공부하며 가르쳤습니다.

그러던 중 여주에서 영○이 친구, 길○가 합류하였고 이 친구 영어 성적은… 5점이라 했습니다.

또 절박하다고… 과락만 3년….

어쩔 수 없이, 이 친구들을 도와야겠다 싶어 팔 걷어붙이고

시험에 나올 만한 부분을 위주로 지도했고, 2주가 안 돼서 길
○는 75점의 대형학원 모의고사 점수가 나옵니다. 영○이는
60점 정도.

1달을 무료로 지도한 후 제 역할은 다 했습니다. 이때도 공
사장에서 일하고 자투리 시간을 내서 진행했습니다.

경찰 2차 모두 불합격이었습니다. 길○ 영어 70점, 영○이는
55점이 나왔지만 국사 점수가 저조했습니다. 많이 힘들어합니
다. '3년을 했는데… 웁니다…'

다시 한 번 더 하라고 용기를 주고 헤어지지요.

◆ 공무원 시험에 관심을 가지다.
　왜 이렇게 오랫동안 공부할까?

'시험은 기술입니다.'

저는 이러한 생각으로 공부하고 시험을 즐길 줄은 압니다.
불합격에 하염없이 울고 있는 길○….

다시 해보라고 했지만 대안을 제시해 주지도 못한 채 영어를 못하고 국사를 못하는 수험생으로 돌아가서 불합격의 고통을 감내하기가 힘들어 보였습니다.

영어성적이 2주 만에 나오자 제게 상담을 해 달라 합니다. 고향에서는 중학생 대상 보습학원까지도 다니면서 영어를 배워도 안 되는 제가 어떻게 2주 만에 성적이 70점이 나오냐며….

"마술인 거예요…?"
"편법을 가르쳐 주시는 거예요…?"

한참을 생각해 대답을 해 주었습니다.

"시험은 기술이야."
"시험은 출제되는 경향이 있고 패턴이 있어."
"그 범위를 정해 반복해서 공부하고 이해하면 되는 거고, 나는 그것을 네게 전해준 거야."라고.

그 뒤 한국사를 도와주겠다 말을 하여 또 함께 공부하게 됩
니다.

생활을 해야 했지만, 생활비도 없어 주머니에 천 원짜리 하
나로 며칠을 버티기도 했습니다. '내가 이걸 왜 하지?' 하다가
도 이 친구 합격만 시켜주고 내 살 길 찾아봐야지 했습니다.

한 달 뒤 해양경찰시험에 길O가 합격을 했습니다.

잘 되어 다행입니다.

◆ 다시 원점. 2015년

그리고 새해가 됩니다.

공사 일도 하다가 아르바이트도 하다가 수학강사를 한 경험
이 있기에 수학 공부를 하려는 학생을 모았습니다. 중학생 2
명, 두 달 다니다 그만둡니다.

다시 원점.

영어를 가르쳐서 합격을 시켜줄 자신이 있었지만 아무도 믿
어 주지 않습니다. 국사를 가르쳐서 합격을 시켜줄 수 있다고

말해도 제 모습이 식당 주인으로, 공사장 알바로, 식당 배달하는 사람으로 비춰져서인지 세상은 그렇게 의심을 하더군요.

생활은 해야 하고 가르치는 것도 재미있었지만 사실 삶이 너무나 고단했습니다. 늘 어려움은 혼자 오지 않습니다.

남모르는 고민과 여러 번의 실패와 시행착오가 뒤섞여 힘들어했지만 제 젊은 날의 생각을 떠올려 보면 공부하는 것이 가장 쉬운 일이고 정직한 일이었습니다.

열심히 하는 것만큼 그 보답은 해 줍니다. 간혹 소문 듣고 찾아오는 영어 과락자분들을 돕다가 현진이(올해 국가직 합격)를 만납니다.

6년차 수험생이고 올해 떨어지면 한강에 가야 한다고 도와 달라고….

그래서 만난 현진이! 넉살도 좋고 웃음을 잃지 않았지만 그 힘겨움이 오죽 할까 싶어 함께 공부하게 되었습니다.

영종도에서 하루도 빠지지 않고 저를 만나러 와서 공부하다 보니 영어는 안정적으로 나오는데 다른 과목이 어렵다 합니다. 그래서 국사를 가르치게 됩니다. 아니 함께 스터디를 한 것이 맞겠지요.

◆ 늘 가난하지만 열정이 있는 수험생의 꿈을 응원하다

저와 수험생은 똑같은 처지였습니다.

절박함!

오직 이것만이 유일한 무기이며 재산이었습니다.

"내가 밤을 새워서라도 너를 합격시키마. 힘을 내렴."

30대에 강사를 하던 직업병이 있어 이렇게 공언(?)을 하다 보니 열심히 공부하게 되고 집중해서 보게 되었습니다.

이렇게 함께 5개월을 보내고 현진이는 국가직 시험에 합격을 합니다.

축하합니다.

국가직에 합격한 현진이(오른쪽)와 함께.

◆ 공무원 시험을 보다

44살의 나이인데 공무원 시험을 볼까. 한번 해 볼까 결심을 합니다. '지방직 시험 6월. 국가직 시험 8월' 100일이나 남았으니 충분하다. 이렇게 생각을 하고 몰입을 합니다.

그리고 생활을 해야 하니 국어 수강생 1명을 받아 생활을 하곤 합니다. 절박에 절박을 더하는 어려운 시간이었지만 일단 하겠다고 마음을 먹은 이상 도전을 합니다.

일단 시간이 없으니 2~3시간 책을 보더라도 집중해서 봅니다. 그리고 고민이 있으면 나중에 해야지 하고 잊습니다. 시간이 안 되면 잠을 줄여 새벽 5시까지라도 내용을 이해합니다.

열심히 하는 자는 즐기는 자를 절대 이기지 못합니다. 그래서 고통도 즐기고 어려움도 즐기고 배고픔도 즐기려 노력했습니다.

"이 또한 지나가리라." 하구요.

이렇게 시작한 '9급 지방직 시험과 국가직 7급 시험'에 합격하

였습니다. 지방직은 행정직 최고령이고 점수는 408점, 국가직은 시험 당일 채점하고 붙은 줄 알았습니다.

오늘 저녁, 합격문자가 왔습니다.

◆ 사랑하라, 한 번도 상처받지 않은 것처럼….

합격수기를 보면 "누구의 책을 보라, 어떻게 공부하라, 누구의 인강을 들어라." 합니다.

저는 인강을 들은 적이 없습니다. 시간상 불가능했으니까요. 오직 시험장에서는 글자와 나의 대화입니다. 1분간의 대화. 책을 가지고 정리한 것이 전부입니다.

단기 합격자분들이 합격 글을 쓰면 신상을 털어 비하하기도 하고 부러워하는 모습도 있습니다.

제가 한 말씀 드리겠습니다.

"세상은 그 어떤 사람에게도 공평합니다."

적어도 시험공부를 하는 여러분께는 더욱 절실한 말입니다. 제가 가진 시간과 정신력 그리고 주변의 시선은 차갑고 어렵고 두려운 마음이 많았습니다.

이 글을 직장인이 보신다면 저보다는 형편이 나은 분들이 많으실 겁니다. 주부님들이 보시면 욕(?)을 많이 하실 것도 같습니다. 생활비도 못 갖다 주는 사람이라고….

지금은 장애인분을 가르치고 있습니다. 밤새 점자작업을 해서 모은 돈으로 공부하고 꿈을 키우는 분이 제 옆에 있습니다. 저는 가진 것도 많지 않고 시간도 많지 않았고 여유 있는 경제력이 있지도 않았습니다.

어쩌면 저의 이러한 절박함을 잊으려고 시도한 시험이 공무원 시험이었다는 생각을 집에 오는 버스에서 해 봅니다.

◆ 수험생에게 작은 조언

지금 실패하셨나요? 그래서 너무나 힘든 시간을 보내십니까? 괜찮아요. 모두 다 보약입니다. 이 세상 어떤 것도 버릴 것이 없습니다. 실패의 경험도 하셔야 합니다. 배고픔과 고통도 지나야 합니다. 그래야 강해지고, 그래야 또 힘든 일이 있어도

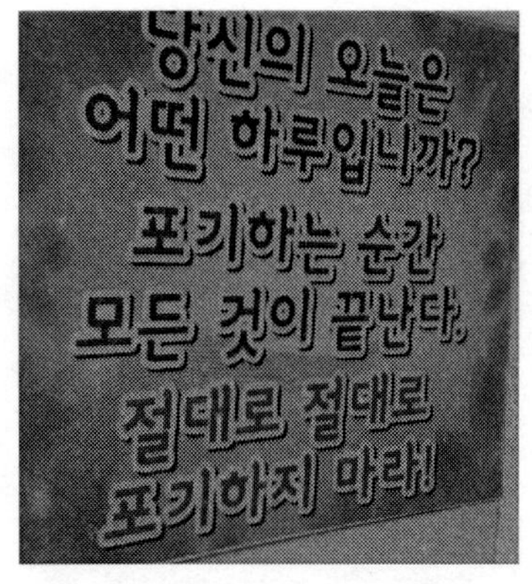

견뎌 낼 수 있는 힘이 생깁니다.

시험공부를 정말 단기에 끝냈습니다. 누구는 기적이라고, 누구는 말이 되느냐고 하십니다.

"시험은 기술입니다."

저는 이 하나의 키 워드 KEY-WORD를 잡고 공부했습니다.

열심히만 하려고 하지 마세요. 즐기면서 내가 재미있어하는 공부는 밤을 새워도 재미있습니다.

사랑하세요, 한 번도 상처받지 않은 것처럼….

◆ 코칭이 있는 당신에게

코칭Coaching.

개인이 지닌 능력을 최대한 발휘하여 목표를 이룰 수 있도록 돕는 일.

공무원 시험에 관한 이야기를 나누고 싶었습니다.

인연이 되어 스쳐 지난 수험생과 커피 한 잔 사이에 두고, 오고 간 대화는 이 글을 쓴 모티브가 되었습니다. 대한민국에서 공무원 시험을 준비한다는 것은 박수를 받는 일입니다. 박수를 받는 것은 내가 아니라 공무원 시험입니다.

신新 장원급제壯元及第 안내 표지판만이 있습니다. 코칭은 없습니다.

2015년 6개월 동안 4번의 시험을 치렀고 2번의 합격을 하였습니다. '지방직 9급 합격과 국가직 7급 합격'입니다.

40이 훌쩍 넘은 나이의 도전이었기에 시작할 때 무모한 도전이라며 주변에서 걱정(?)해 주었습니다. 안 될 거라고, 포기하라고 위로(?)해 주었습니다.

6개월 동안, 10여 명의 수험생을 도와 합격생을 만들었습니다. 코칭이 있었기에 김연아도, 봅슬레이 금메달도 세상에 빛을 볼 수 있었습니다. 물이 99도가 되었어도 1도를 채워주는 불꽃 같은 열정의 온도가 필요한 것입니다.

자신에게 있는 잠재력을 최대한 끌어낼 수 있도록 도와주는 것이 코칭의 사명입니다. 노량진에서 쉬지 않고 달려온 시간, 다시 겨울이 지납니다. 쓸쓸하고 후미진 뒷골목을 지나는 새내기 수험생들을 위한 코칭을 해주고 싶었습니다.

방황의 끝자락에서 작은 울림으로 다시 한 번 일어서려는 용기에 박수를 보내며 오래된 수험생에게 조금은 다른 길을 제시하고 싶었습니다.

늘 같은 이야기만 반복되는 공무원 수험가입니다. 학원은 살찌고 수험생은 허기진 배를 움켜쥔 채 오늘도 작은 고시원 방을 찾아 들어갑니다.

희망이라는 막연한 기대를 가지고 하루를 견디는 것은 막막한 희망고문일 뿐입니다. 잘하면 잘하고 있다고, 못하면 그렇게 하지 말라고 따뜻하지만 차가운 코칭이 필요합니다.

공무원 시험을 준비하는 분들이 더 많아졌습니다. 저마다 이런 이유와 저런 사정을 가지고 수험가에 입문합니다. 영문도 모른 채 두꺼운 책을 손에 쥐고, 밤이 새도록 동영상 강의를 들으며 참아내고 견뎌내라는 주문뿐, 생각을 하지 말고 따라오라고만 합니다. 권위에 복종하라고만 합니다.

어느 강사도 공무원 시험일에 시험장에 가서 수험생이 되려고 하지 않습니다. 저는 공부를 했건 안했건 시험일에 가서 응시를 하고 수험생이 되었습니다.

1문제를 1분 안에 풀어야 하는 100분간의 객관식 향연. 대한민국 9급 공무원 시험입니다. 140분을 견뎌내는 7과목 시험이 바로 공무원 7급 시험입니다. 2016년, 400:1의 경쟁률, 22만 명이 지원하는 시험, 대한민국 9급 공무원 시험입니다.

코칭이 있어야 할 자리에는 광고와 자본주만 자리할 뿐 어느 누구도 당신을 위한 코칭에 나서지 않습니다.

노량진에는 합격자가 있었습니다. 그들은 이미 지나간 길을 지우기만 합니다. 우리는 늘 새내기로 남아 전설이 된 그 길을 찾아 흔적을 뒤지고 기록을 찾지만 아무도 그 길을 제시해주거나 안내해 주는 이는 없었습니다.

40이 훌쩍 넘었습니다. 20대의 열정으로 도전하였고 단기간에 합격을 했습니다. 밤을 새울 때는 미숫가루를 벌컥거리면서 새벽의 허기짐을 달래야 했습니다.

4개월간을 하루도 쉬지 않고 새벽 5시까지 공부하다 잠이 들었습니다. 눈이 너무 아리고 허리에 통증이 올 때면 이를 악물고 참아내는 시간이었지만 그래도 그 절박함이 있었기에 누군가에게 코칭을 할 자격이 주어진 것이라 생각됩니다.

200여 명이 넘는 수험생들을 만나 그들의 이야기를 들었습니다. 가슴 아픈 사연도 많았고, 오랜 수험생활에 지쳐 마음이 가난한 수험생의 이야기도, 성격이 변해 버린 자신에게 더 화를 내는 수험생의 모습도 안타까운 기억으로 남습니다.

1,000원짜리 하나로 버틴 하루가 무색하게 빚은 늘어만 갑니다. 물질적인 빚도 마음의 빚도 동시에 늘어만 갑니다. 노량진에서 만난 수험생의 이야기는 오늘을 사는 우리들의 이야기입니다.

내일을 살아가야 하는 어린 후배들의 이야기이기도 합니다. 노량진은 선배도 없고, 후배도 없습니다. 그저 무한의 경쟁만 있습니다. 아빠도, 엄마도, 형도, 누나도, 동생도 모두 공시 준비생입니다.

이제 당신에게는 코칭이 필요합니다. 수험생에게도 코칭이 필요합니다. 노력한 만큼 딱 그만큼이면 됩니다. 그래서 시험은 공평하다고 합니다.

시험장에 가기 전 우리는 기도를 합니다. 내가 노력한 만큼만 점수가 나와 주기를 간절히 기도합니다. 코칭은 기적을 만들지 않습니다.

코칭은 불가능을 가능으로도 만들지 않습니다. 코칭은 당신의 노력이 헛되지 않도록 도울 뿐입니다. 당신의 간절함이 잘 활용되도록 집중하게 할 뿐 특별한 기술은 아닙니다.

엎어져 쓰러진 당신을 일으켜 세워줍니다. 조금만 더 가면 당신이 쉴 시간임을 알고 있기에 인내하라고 격려해 줍니다.

코칭은 정상에서 누릴 평화롭고 아름다운 시간을 알고 있습니다. 코칭은 당신이 할 수 있는 최고의 순간을 함께 이루길 바랍니다. 아버지의 이름으로, 어머니의 기도로 세상에 태어난 당신이 소중한 존재임을 일깨워 주는 것도 코칭입니다.

공무원 시험에도 코칭이 필요합니다. 당신의 노력과 땀은 결실을 맺어야 합니다. 당신의 드라마는 엔딩을 준비해야 합니다.

그런 당신이라면 합격할 자격이 있습니다. 기적은 없었습니다. 코칭이 있었고 눈물겨운 노력만이 있었습니다. 이제 그 자리에 당신이 설 차례입니다.

Chapter 2
공무원 시험을 위한 코칭

1

시간은 늘릴 수 있다

100일을 앞두고 시험을 준비했습니다. 모두가 불가능하다고 했습니다. 저만이 자신 있었습니다.

저는 적어도 공부를 즐기는 방법을 알고 있었습니다. 혹시 떨어질지라도 후회 없이 공부하는 것이 제게는 가치 있는 일이었습니다.

사업을 한 적도 있었고, 여러 번의 도전을 했지만 번번이 실패한 기억이 더 많습니다. 공부도 시험도 다르지 않다고 생각합니다.

내가 최선을 다하고 결과를 겸허히 받아들이는 자세를 배운 덕에 시험 준비도 늘 하던 대로 그저 최선을 다해서 하는 것, 단지 그것이면 충분한 의미였습니다.

객관식 시험은 세상 누구에게도 공평합니다. 주관식처럼 출제자의 자의적인 평가도 없으며, 노력한 만큼의 결과가 나오는 시험. 100일! 시간이 부족했습니다.

일도 해야 하고, 돈도 벌어야 일용할 양식을 얻을 나이가 되었기에 자투리 시간을 1분도 헛되이 버리지 않겠노라 결심했습니다. 걸어 다니는 순간에도, 지하철을 기다리는 그 시간에도 제 손에는 책이 있었습니다.

눈으로 본 것을 입으로 중얼거리고, 밥을 먹으면서도 이전에 배운 것을 상기했습니다. 절박함은 가장 큰 무기란 것을 알고 있기에 눈에 불을 켜고 문제를 보고 이해하고 암기하는 작업을 했습니다.

시간이 많은 사람에게 약속시간은 여유가 있어 머리손질도 한 번 더 하고 옷도 한 번 더 갈아입어 봅니다. 제게는 오직 한 번뿐인 기회라 건곤일척의 마음으로 임했습니다.

한 번에 정확히, 지금 보는 것이 마지막 시간일 수 있다는 생각이 드니 더 집중해서 보게 됩니다. 그렇게 새벽의 고요함을 친구로 삼아, 피아노 선율을 위안 삼아 외롭지도 않게 힘겨움을 이겨낼 수 있었습니다.

사실, 살아가는 하루가 힘들었지 공부는 제게 살아있다는 증거이기도 했습니다. 시간이 부족하다고 한탄하는 수험생들을 많이 봅니다. 그들을 관찰해 보면 많은 시간을 흘려보내고 있음을 모른 채 시간을 탓하기만 합니다.

시간이 많고 여유가 있다는 것이 공부를 함에 큰 도움이 되는 경우도 있지만 생각을 조금만 달리 해 보세요. 필요에 의해 사물은 가치를 달리 합니다. 시간은 부족한 것이 아니라, 시간을 활용할 줄 모르고 시간의 주인이 되지 못하는 것입니다.

직장인 수험생들이 있습니다. 아르바이트를 하고 피곤에 지친 그 시간에 공부를 해야 하는 수험생도 있습니다. 집안일에 시달리고 지친 후 남은 시간에 자투리를 써야 하는 주부 수험생도 있습니다.

집중해서 내게 주어진 1분을 소중히 할 줄 아는 마음이 더 중요합니다. 버려지는 10원을 모아 갑부가 된 분의 이야기도 다르지 않습니다. 시간이 부족하다는 것은 시간을 소중히 여기게 됨을 의미합니다. 시간은 늘릴 수도 있고, 버려질 수도 있습니다.

2

단순하게 공부하라

어느 수험생과 공부 상담을 진행한 적이 있습니다. 한국사 공부를 하는 데, 한 페이지에 오래 머물러 진도가 나가지 않는 다는 고민이었습니다.

용어가 낯설고 역사적 사건의 배경지식을 찾는 데 시간을 투자하다 보니 하루 종일 자료 찾고, 정리하고, 다시 오답노트 에 옮겨 적는 일을 하면 자정이 다 되어 간다고 합니다.

9급 공무원 시험은 과목당 20문항이 출제됩니다. 한국사는 범위가 넓은 과목입니다. 선사시대, 삼국시대, 고려, 조선, 근 대와 현대사를 골고루 출제합니다.

어느 한 시대에 집중하는 과목이 아닙니다. 출제자가 내고 싶은 부분을, 꼭 집어 낼 수는 없습니다. 깊이 있는 공부방식을 지양하라고 말하고 싶습니다.

처음 공부하시는 분에게는 더욱 필요한 충고입니다. 공부의 달인들은 위 수험생의 고민에 동일한 답변을 할 것입니다.

'처음에는 숲의 전반적인 모습을 보도록 하라. 그러고 나서 나무를 찬찬히 볼 것.'

이것이 공부의 기술에서 가장 중요한 화두입니다. 공자도, 맹자도, 제갈공명도, 공신(공부의 신)들도 모두 한결같은 이야기를 합니다. 저도 마찬가지입니다.

숲을 본다는 의미를 생각해 봅니다. 치악산이 어떤 산인지, 설악산이 어떻게 생긴 산인지, 한라산의 정상이 얼마나 높은지 우리는 멀리서 봐야 알 수 있습니다.

깊이 있는 공부는 나중에 할 때가 있고, 이를 천천히 음미할 때가 있습니다. 그때 하십시오.

지금 초보 수험생이신가요? 공부를 하는데 성적이 잘 나오지 않아 고민이신가요? 어떻게 공부하는지를 몰라 방황하고 계신가요?

단순하고 심플하게 공부하십시오. 만화책을 읽어 본 경험이 있다면 그렇게 읽으십시오. 잡지책을 즐겨 본 분이라면 처음에는 책을 볼 때 딱, 그렇게만 읽어 보십시오.

한국사의 처음과 끝을 빠르게 대충(?) 읽어보십시오. 그리고 기출문제도 눈에 띄는 문제 정도만 선사시대를 읽었다면 10문제 정도만 읽고 다음 순서인 삼국시대로 넘어 가십시오. 이것이 공부법입니다.

어렵지도 않고 너무 단순하고 심플해서 뭐, 이런 것이 기술인가 하시는 분도 계실 겁니다. 전교 1등을 하는 수험생은 늘 같은 인터뷰만 남겼습니다. 교과서만 충실히 읽었다고 말입니다.

사실입니다. 교과서에 나오지 않는 지문은 거의 없습니다. 기출문제를 되도록 얇은 것을 구입해서 풀어보십시오. 두꺼운 책은 피하십시오.

심플합니다. 공부는 이렇게 하는 것입니다. 몸이 무거우면 잘 달리지 못합니다. 가볍게, 경쾌하게, 신나게 움직이십시오. 당신이 한 곳에 오래 머무르는 시간에 공신(공부의 신)들은 이미 저만큼 앞서 가 있습니다.

3

책은 한 권이면 된다

누군가의 합격수기를 봅니다. 도움이 된 책으로 한 권이 아닌 무수히 많은 책을 보았다고 합니다.

국어는 ○○강사, ○○강사, ○○강사…

영어는 ○○강사, ○○강사…

한국사는 ○○강사, ○○강사, ○○강사…

…

수험생들은 합격생들의 이야기에 귀를 기울이는 새내기입니다. '응답하라 1988! 응답하라 쌍문동!'의 동네 형이 들려주는 풋풋하고 진솔한 이야기를 기대합니다.

인터넷상의 익명성 그리고 일반 불특정 다수를 위한 대상에 우리가 서 있고 쌍문동에 살지 않는 합격생의 이야기에 귀를 기울이고 있습니다.

합격수기는 학원에서 만드는 사실fact을 가미한 허구fiction 입니다. 90% 이상의 합격수기는 학원에서 편집하여 내보내는 글입니다. 합격생들은 글을 쓰지 않았습니다. 학원이 광고를 썼습니다.

우리를 위한 광고는 많지 않습니다. 우리를 위한 광고가 아니라, 저들을 위한 광고입니다. 학원은 수업 교재를 만듭니다. 수험생을 위한 수업교재를 만드는 것이 아니라 오래오래 공부할 수 있도록 만듭니다.

기획사인 자본가가 연구하고 강사들은 얼굴마담(?)으로 학생들을 안심시킵니다. 너무나 많은 책을 보라고 합니다. 두꺼운 책을 모두 설명합니다. 그런데 나는 벌써부터 졸립니다. 옆에 있는 새내기 친구도 같이 졸고 있습니다.

다음 달 강의를 또 등록해야만 합니다. 책을 선물 받은 날이 너무나 기쁜 날도 있었습니다. 그것이 잡지여도 좋고, 이해인 수녀님의 시집이어도 좋고, 반지의 제왕, 해리포터….

기억이 납니다. 아프니까 청춘이다, 좋은 생각(잡지), 멈춰야 비로소 보이는 것들(혜민 스님)을 밤을 새우며 읽어도 기분 좋은 추억이 있었습니다.

지금도 그들은 나를 위로하고 격려하는 좋은 스승들입니다. 수험서는 너무 어렵고 막막한 분량에 더군다나 스토리가 없습니다. 요약집은 끊임없이 암기하라고만 강요합니다.

우리는 정보의 홍수가 아닌 수험서의 홍수에 묻혀 질식할 것 같은 기분으로 책을 대합니다. 나에게 평생직장을 안겨 줄 것이고, 시험장에서 나를 위해 위력을 발휘할 가장 강력한 무기인 수험서가 왜 보기 싫은 걸까요?

너무 많은 수험서는 약藥이 아니라 독毒입니다. 독이 온 몸에 퍼지면 병이 납니다. 공부의 신들과 저 역시 다르지 않게 공부했습니다.

책은 1권이면 충분합니다. 기본교재로는 얇고 보기가 좋으면 그만입니다. 완벽한 책을 기대하지 마십시오. 이 세상에 그런 것은 없습니다.

공부하다가 모르는 부분이 나오면 찾아서 보충하는 정도면 훌륭한 책입니다. 사람마다 지식의 양이 다른 시작점에서 수 험생활을 출발합니다. 내가 모르는 부분이 상식적일 수 있으니, 내가 보는 책에 내용이 없을 수도 있습니다.

국어에서 '나루터'와 '나룻터' 중에서 틀린 것을 묻습니다. 올바른 어휘는 '나루터'입니다.

국어에는 파찰음이라 하여 'ㅋ, ㅌ, ㅍ, ㅊ' 이 네 가지가 있습니다. '사이시옷'이 있습니다. 어렵지 않습니다. 용어에서 알 수 있는 뜻입니다. 사이에 'ㅅ'이 있다. 합성어라는 것은 뜻이 다른 두 단어가 모인 것입니다.

<u>합성어 사이에는 사이시옷이 들어갑니다.</u>
뒷말의 첫소리가 [된소리] 될 때 사이시옷이 인정됩니다.(기본개념)

우유 + 값 = 우윳값 [우윳깝]

최대 + 값 = 최댓값 [최댓깝]

합성어 사이에는 사이시옷이 들어갈 수 있습니다.

'나루 + 터'는 합성어입니다.

<u>하지만 합성어 뒤에 거센소리(ㅋ,ㅌ,ㅍ,ㅊ)와 된소리(ㄲ,ㄸ,ㅃ,</u>

짜)가 오면 사이시옷을 쓰지 않습니다. (※ 자주 출제)

이렇게 자세히 설명하는 교재도 있습니다.
다른 교재를 봅니다.

나루터(○) , 나룻터(×)

이렇게 간략하게 나온 교재도 있습니다. 여러분께 편한 교
재를 선택해서 공부하시면 됩니다. 어느 책이 좋고 어떤 교재
가 나쁜 것은 없습니다. 자신의 수준에 맞는 책이면 좋은 교재
입니다.
다만, 어떤 경우라도 두꺼운 책은 피하십시오. '나루터' 문제
는 공무원 국어 시험에서 10번 이상 출제된 바 있습니다. 기출
은 반복됩니다.
조금 더 이야기를 하겠습니다.
수험생들의 서재에는 펼치지도 않은 새 책이 수십 권씩 됩니
다. 수험기간 동안 많은 책을 보는 것은 불가능합니다. 학문을

하는 마음으로 공부한다면 참고서 용도로 필요하겠지만 많은 수험서는 우리에게 무용지물입니다.

공부가 목표가 아니고 합격이 목표이며 희망이 되어야 합니다. 공부는 하나의 수단이요, 책은 이렇게 분명한 도구로 활용 가치가 있는 것입니다.

누가 무슨 책이 좋다고 이야기해도 구입하지 마십시오. 본인이 선택한 책 1권에 애정과 정성을 기울이십시오. 손때가 묻어 나는 내 책, 잠시 휴식을 취하기 위해 침 흘린 자국과 향기가 있는 내 책 1권이면 시험 준비가 된 것입니다.

그리고 기출문제집은 얇고 가벼운 것으로 한 권 준비해, 반복하고 반복해서 읽으면 됩니다. 기출문제집을 볼 경우도 처음에는 만화책(?)처럼 대충(?), 처음부터 끝까지 읽어주십시오. 그리고 빠르게 다시 2~3회독을 해 보십시오.

아무리 처음 보는 책도 저는 이렇게 읽고 반복만 해서 공부합니다. 여러분도 연습해 보십시오. 숲이 보이고, 언덕도 보이고, 내리막길처럼 쉬운 부분이 있음도 알게 됩니다.

책은 1권이면 충분합니다. 기본서와 기출문제집 이렇게만 1권씩 준비하십시오. 모르는 내용이 나와 있다고 해도, 아무리 궁금해도 그냥 읽고 처음에는 넘어가십시오.

　당신의 성격상 궁금해서 못 참겠다 싶을 때만 잠시 찾고, 얼른 그 자리에서 벗어나십시오. 우리는 수험생이지, 대학원생이 아닙니다.

4

시험 기출문제에는
패턴이 있다

객관식 시험을 만들어 보면 출제하는 패턴이 있게 마련입니다.
예를 들면 한국사 시험에 다음과 같은 지문이 등장합니다.

① 고려 음서제도는 '5품'이상의 관료 자제에게만 주어지는
문벌귀족제도의 특권이었다.

② 조선시대에는 음서제도가 문음제도라 하여 '2품' 이상의
관료 자제에게만 적용된다.

이러한 지문을 가지고 숫자를 바꾸거나, 다른 숫자를 써서 수험생에게 함정을 거는 방식으로 출제합니다.

다른 예를 들면,

① 통일신라 국립대학인 국학이 태학으로 명칭이 바뀐 시기는 성덕왕이다.

이 지문은 틀린 지문입니다.

답은 '태학'으로 명칭이 바뀐 것은 '경덕왕'입니다.

(프로 수험생은 자주 보는 이 지문을 암기하기 위해, 경~태야! 이렇게 합니다.)

통일신라시대는 성덕왕 후에 경덕왕이 있었습니다. 이름에서 자음을 가지고 헷갈리게 문제를 만드는 방식입니다. 객관식 문제에서 흔하게 보는 이름 바꾸기 방식입니다.

고구려 평양 천도(수도를 옮김)한 임금은 장수왕(427년)입니다.

① 고구려 평양 천도는 광개토대왕 때이다.

이 지문도 틀린 지문입니다. '광개토대왕'이 아니고 '장수왕'입니다.

기출은 이렇게 전형적인 패턴을 가지고 있습니다. 다른 과목도 다르지 않습니다.

출제된 문제를 보면 객관식 문제의 특성상 물어보는 부분이 집중돼 있음을 발견하게 됩니다.

영어 시험의 경우, 어법 문제를 어려워하는 수험생이 많습니다.

영문법에서 자주 출제하는 파트는 수동태, 가정법, 시제일치, 형용사와 부사의 구별, 분사 구문, 도치, 관계대명사 등에 집중되어 있습니다.

형용사와 부사의 구별문제를 예를 들어 봅니다.

I am happy. 나는 행복해.

He goes quickly. 그는 빨리 간다.

be동사란 존재동사입니다. am, are, is (현재시제) / was, were (과거시제)

일반동사란 be동사를 제외한 나머지를 말합니다.

be동사 뒤에는 보충하는 말이 필요합니다. 이를 '보어'라 합니다. 즉,

be동사 뒤에는 형용사가 옵니다. 부사가 올 수 없습니다. (기본개념)

일반동사 뒤에는 부사가 따라옵니다. (기본개념)

기본개념을 반복해서 읽고 암기할 정도가 되면 응용문제도 쉽게 풀립니다.

I am happy. (be동사 뒤에는 형용사)
I go quickly. (일반동사 뒤에는 부사)

be동사 뒤에는 형용사가 온다고 했습니다.

be 동사의 친구들(?) 뒤에도 형용사가 옵니다. (기본개념)

be동사의 친구들이란? '~이 되다'(go, come, remain 등) '~처럼 보이다 또는 들리다' 등의 의미를 갖는 단어들입니다.

go, come, remain, look(~처럼 보이다), sound(~처럼 들리
다) 등이 시험에서 자주 출제됩니다.

He looks happy. 그는 행복해 보인다.
It sounds good. 좋게 들린다.
remain silent 묵비권을 행사하다. *silent 조용한, 침묵하는
He looks happily. 그는 행복해 보인다.

look(~처럼 보이다) 뒤에는 부사가 올 수 없습니다.
영어는 빈출지문이 반복됩니다.
영어의 범위는 생각보다 넓지 않습니다.

국어 시험의 경우도 기출문제에 패턴이 있습니다. 기출문제
의 DB(자료축적)는 30년이 넘습니다. 공무원 국어는 〈지식국
어〉에서 주로 출제되는 경향을 보입니다. 문학이나 비문학 작
품도 나온 작품이 반복적으로 출제됩니다.
　지식국어는 맞춤법, 외래어 표기법, 띄어쓰기, 속담, 한자성
어, 단위 명사 등을 주로 묻습니다.

일상생활에서 접하는 사물도 객관식 시험이 좋아하는 출제 유형입니다.

우리 한번 받아쓰기를 해 볼까요? 재미있습니다. 아래에 50개의 어휘는 틀린 어휘입니다. 바르게 고쳐 보십시오.

1. 무우

2. 촛점

3. 마굿간

4. 윗층

5.언덕빼기

6. 곱배기

7. 상치

8. 회의에 붙이다

9. 뒷꿈치

10. 쌍동이

11. 어려운 문제를 맞추다

12. 동틀 녘

13. 실락원

14. 회계년도

15. 생노병사

16. 윗쪽

17. 낙낙장송

18. 제사날

19. 전세집

20. 전셋방

21. 닝큼

22. 계시판

23. 닐리리

24. 깡소주

25. 눈꼽

26. 쌍용

27. 오뚜기

28. 짱아찌

29. 마늘쫑

30. 비로서

31. 천정

32. 우유값

33. 아지랭이

34. 봉숭화

35. 남비

36. 날으는 슈퍼맨

37. 거칠은 들판

38. 가십란

39. 합격율

40. 수병아리

41. 바지 기장을 늘리다

42. 금새

43. 총류탄

44. 열심이

45. 곰곰히

46. 꼼꼼이

47. 편지 할께.

48. 풍지박산

49. 야밤도주

50. 산수갑산

아는 어휘도 있고 헷갈리는 부분도 있을 겁니다. 공무원 국어 시험은 〈지식국어〉를 자주 묻습니다. 시험에서 빈출된 어휘들이니 자주 보고, 읽고, 평소에 생활하면서 바른말을 사용한다면 굳이 힘들게 암기하지 않아도 됩니다.

바르게 고쳐 봅니다. <u>오른쪽이 올바른 표현입니다.</u>

1. 무우 : 무

2. 촛점 : 초점

3. 마굿간 : 마구간

4. 윗층 : 위층

5. 언덕빼기 : 언덕배기

6. 곱배기 : 곱빼기

7. 상치 : 상추

8. 회의에 붙이다 : 회의에 부치다

9. 뒷꿈치 : 뒤꿈치

10. 쌍동이 : 쌍둥이

11. 어려운 문제를 맞추다 : 어려운 문제를 맞히다

12. 동틀 녁 : 동틀 녘

13. 실락원 : 실낙원

14. 회계년도 : 회계연도

15. 생노병사 : 생로병사

16. 윗쪽 : 위쪽

17. 낙낙장송 : 낙랑장송

18. 제사날 :제삿날

19. 전세집 : 전셋집

20. 전셋방 :전세방 (*전세방의 경우만 '세'입니다. 나머지는 '셋'

　　입니다. 셋집, 전셋집)

21. 닝큼 : 닝큼

22. 계시판 : 게시판

23. 닐리리 : 닐리리

24. 깡소주 : 강소주

25. 눈꼽 : 눈곱

26. 쌍용 : 쌍룡

27. 오뚜기 : 오뚝이

28. 짱아찌 : 장아찌

29. 마늘쫑 : 마늘종

30. 비로서 : 비로소

31. 천정 : 천장

32. 우유값 : 우윳값

33. 아지랭이 : 아지랑이

34. 봉숭화 : 봉선화 또는 봉숭아 (둘 다 맞습니다. 이를 '복수표
준어'라고 합니다)

35. 남비 : 냄비

36. 날으는 슈퍼맨 : 나는 슈퍼맨

37. 거칠은 들판 : 거친 들판

38. 가십란 : 가십난 ('어린이난, 가십난'의 경우 '난'입니다.)

39. 합격율 : 합격률 ('선열, 서열'의 경우처럼 받침이 없거나
    'ㄴ'받침에만 -율, -열)

40. 수병아리 : 수평아리

41. 바지 기장을 늘리다 : 바지 기장을 늘이다 ('늘이다'는 길이
    를 늘이는 경우를 말합니다.)

42. 금새 : 금세

43. 총류탄 : 총유탄 ('수류탄'의 경우와 혼동되는 걸 활용해 문제
    로 자주 출제합니다)

44. 열심이 : 열심히 (열심히 꼼꼼히 공부해도, 번번의 떨어지는

것을 곰곰의 생각했다. 암기)

45. 곰곰히 : 곰곰이

46. 꼼꼼이 : 꼼꼼히

47. 편지 할께. : 편지 할게.

48. 풍지박산 : 풍비박산

49. 야밤도주 : 야반도주

50. 산수갑산 : 삼수갑산

(삼수갑산은 한 번 가면 돌아올 수 없는 곳을 지칭. '삼수'와 '갑산'은

북한 지명地名)

어때요? 재미있으셨나요?

본인의 틀린 개수를 세어 보십시오. 초등학교 교실의 추억을

활용하세요.

'야! 이런 것이 공무원 시험이야?' 하는 분도 계실 것입니다.

네. 맞습니다. 이런 게 공무원 시험 국어입니다. 시험에는 출

제되는 유형이 있습니다.

잊지 마시고 반복해서 출제되는 문제를 중심으로 먼저 공부

하십시오. 그리고 나서 조금 더 어려운 부분을 공략하면 공부는 쉽고 재미있어집니다. 처음부터 어려운 부분을 하면 공부 재미를 잃어갑니다.

조금 더 알아보겠습니다.

외래어 표기법을 학습해 보겠습니다.

외래어를 표기하는 법? 다른 언어에서 빌려온 어휘(외래어)를 한글로 표기하는 법. 이렇게 정의합니다. 이를 '외래어 표기법'이라 합니다.

외래어 표기법은 규칙이 있습니다.

된소리 표기를 하지 않습니다.

받침으로 7개의 자음만 씁니다.

'ㅅ'을 받침으로 해야 하고 'ㄷ' 받침은 없습니다.

예외도 있지만, 처음 공부할 경우는 먼저 기본개념을 확실히 알고 시작해야 합니다.

※ 외래어 표기법 (기본개념)
① 된소리 표기를 하지 않습니다.

② 받침에는 7개만 씁니다. 'ㅅ'을 받침으로 해야 하고 'ㄷ' 받
  침은 없습니다.

※ 외래어 표기법 중요 어휘
① 카페 ('까페'는 틀립니다.)
② 로봇 ('로봍'은 틀립니다.)

이렇게 하면 외래어 표기법 공부의 절반 이상은 완성한 것
입니다.
어렵지 않습니다.
예외 경우도 알아보겠습니다. 중국어와 베트남어의 경우는
된소리 표기를 인정합니다. 예를 들면 '마오저둥', '호치민'은 틀
린 표기입니다.
맞는 외래어 표기로 바꾸면 <u>마오쩌둥', '호찌민'</u>입니다.
우리가 서류를 넣는 화일file, 친구에게 문자로 화이팅fighting!
이것도 틀린 표기입니다.
외래어 표기법은 f'를 자음 'ㅍ'으로 표기합니다. (기본개념)
그래서 <u>'파일', '파이팅'</u> 이렇게 적는 것이 맞습니다.

파이팅! 당신의 빛나는 하루를 기원합니다!

외래어 표기법 기출어휘 20문제를 풀어봅니다.

※ 외래어 표기법에 맞도록 틀린 부분을 고쳐 보십시오.

1. 케익

2. 심포지움

3. 아울렛

4. 엔젤

5. 부르조아

6. 나르시즘

7. 쥬스

8. 플랭카드

9. 카페트

10. 내프킨

11. 워크샵

12. 알콜

13. 앵콜

14. 수퍼맨

15. 수퍼마켓

16. 까스렌지

17. 쵸콜릿

18. 밧데리

19. 밀크쉐이크

20. 비젼

21. 도너츠

22. 테입

23. 환타지

24. 악세사리

25. 나레이션

26. 랑데뷔

27. 모짜르트

28. 바베큐

29. 자켓

30. 로얄티

외래어 표기법에는 길게 적는 표기와 짧게 적는 표기가 헷갈립니다. 스토리텔링으로 기억을 해야 효과가 좋습니다.

* 짧게 적는 외래어를 먼저 학습합니다.

<키가 작은 꼬마아이가 '카펫'이 깔린 마루에서 한 손에는 '도넛'을 다른 손에는 '로봇'을 들고 놀고 있어요. 엄마가 '냅킨'을 가지고 아이 입에 묻은 설탕을 닦아 줍니다.>

* 길게 적는 외래어를 학습합니다.

<키가 크고 머리가 긴 여인의 생일입니다. '케이크'가 있고, '플루트' 연주가 흘러나옵니다. 멋진 생일 장면을 오래 기억하기 위해 비디오 '테이프'가 돌아갑니다.>

<김 부장은 오늘도 술을 길게 하자고 외칩니다. '알코올'이 들어가니 노래방에 가자고 합니다. 노래방에서 '앙코르'를 외치며 노래를 밤새도록 부릅니다.>

무턱대고 암기하는 방식의 단점은 돌아서면 헷갈린다는 겁니다. 스토리텔링으로 기억하면 공부가 재미있고, 우리 일상에서 접하는 일을 가지고 만들면 세상 모든 공부가 놀잇감(장난감. 2015년 복수표준어로 인정)처럼 재미있어집니다. 오른쪽이 올바른 외래어 표기입니다.

1. 케잌 : 케이크

2. 심포지움 : 심포지엄

3. 아울렛 : 아웃렛

4. 엔젤 : 에인절

5. 부르조아 : 부르주아

6. 나르시즘 : 나르시시즘

7. 쥬스 : 주스

8. 플랭카드 : 플래카드

9. 카페트 : 카펫

10. 내프킨 : 냅킨

11. 워크샵 : 워크숍

12. 알콜 : 알코올

13. 앵콜 : 앙코르

14. 수퍼맨 : 슈퍼맨 ('슈-'가 맞습니다)

15. 수퍼마켓 : 슈퍼마켓

16. 까스렌지 : 가스레인지

17. 쵸콜릿 : 초콜릿 (외래어 표기법에 '쵸, 쥬, 져 등은 사용하지 않습
니다.)

18. 밧데리 : 배터리

19. 밀크쉐이크 : 밀크셰이크

20. 비젼 : 비전

21. 도너츠 : 도넛

22. 테입 : 테이프

23. 환타지 : 판타지

24. 악세사리 : 액세서리

25. 나레이션 : 내레이션

26. 랑데뷔 : 랑데부

27. 모짜르트 : 모차르트

28. 바베큐 : 바비큐

29. 자켓 : 재킷

30. 로얄티: 로열티

5

공부하는 방법을 알고
실천하면 가능하다

시험을 잘 보는 수험생은 무엇인가 특별한 방법이 있을 거라고 생각하십니까? 원래 기본 지식이 있어서 잘하는 것이라고 생각하십니까?

그리 오래 공부하지 않고서도 합격하는 친구를 보고 부러워만 한다면 당신은 공부하는 방법을 아직 알지 못하거나, 공부법에 관심이 없는 분일 확률이 높습니다.

세상 모든 이치는 비슷합니다. 초보 엄마는 첫 아이에게 서툴렀지만, 나중에 할머니가 돼서 손주에게 잘하는 방법을 안다고 합니다.

초보 수험생도 마찬가지입니다.

공부를 처음 시작하는 분이신가요?

서툴고 막막하고 어려운 것이 정상입니다. 돌아서면 헷갈리는 것은 지극히 정상적인 것입니다. 처음 가 본 길을 두 번째 간다고 해서, 능숙하게 잘 찾아갈 수는 없습니다.

연습이 완벽을 만듭니다. 공부방법을 익히고, 반복해서 연습한다면 당신도 누군가에게 절실한 부러움의 대상이 됩니다.

누군가가 해 낸 일이라면 당신 역시 할 수 있습니다.

공부법을 알았다면, 꼭! 실천해 보십시오.

공부의 기술을 자세히 설명합니다.

◆ '숲'을 먼저 보라. 그러고 나서 '나무'를 찬찬히 보라.

◆ 자신의 한계점을 찾아라.

◆ 책 1권을 선정해 그것만 반복해서 보고 연습하라.

1) 숲을 먼저 보라. 그러고 나서 나무를 찬찬히 보라

기본서(주교재)를 선정하면 빠르게 통독(대강의 내용 읽기)을 하십시오. 만화책을 보듯이, 잡지를 보듯이 읽으시면 됩니다.

첫 페이지, 머리말부터 목차를 대충(?) 보십시오. 본문에 있는 큰 제목을 읽는 것도 잊지 마십시오.

내용을 읽다 모르는 부분이 나오면 체크를 해도 좋습니다.

전체 페이지를 보고, 하루 분량을 정한 뒤 계획을 세우십시오. 한국사 교재가 400페이지인 경우를 생각해 봅시다. 하루에 40페이지씩 읽으면 10일이면 1회독을 하게 됩니다.

마지막 페이지까지 모두 읽어 1회독을 마칩니다. 어떻습니까? 어려운 주문(?)은 아닐 거라 생각합니다. 기출문제집도 역시 얇고 간편한 것으로 1권 준비하십시오.

같은 방식으로 1회독 계획을 잡아 목표량이 완성되도록 하루를 알차게 보내십시오. 기출문제를 보다 보면 〈7급 기출〉, 〈국회직 기출〉 등 9급 시험을 준비하는 분들에게는 어려운 문제도 문제집에 싣는 경우도 있습니다.

그냥 넘어가십시오. 읽지도 말고, 짧은 문제 유형과 반복되는 문제를 먼저 보십시오. 〈대표기출문제〉만 풀고 넘어가십시오.

이렇게 주교재와 기출문제집을 1회독 하시면 깨닫는 게 어렴풋이 생깁니다.

'숲 전체'를 본 것이기에 대강을 이해하면 됩니다.

'아! 이런 문제가 나오는구나.'

'아! 이 부분을 자주 출제하는구나.'

'아! 여기서 함정을 파는구나.'

'아! 그렇게 어렵지는 않구나.' 등등….

각자의 관점에서 과목에 대한 이해를 시작하는 단계입니다.

이러한 과정을 반복해 기본서를 읽고, 단기 목표를 정해 다시 2회독에 도전합니다. 기출문제집을 옆에다 두고, 읽었던 지문이 어떻게 출제되는지를 확인하며 읽습니다.

2회독이 끝나면 또 깨닫는 것이 있을 겁니다.

'아! 처음보다는 내용이 쉽게 눈에 들어오네.'

'아! 처음에 안 보이던 지문이 기출에서 본 문제로 인해 달리 보이는군.'

'아! 공무원 시험이 이런 것이구나.' 등등….

자신감이 조금씩 생겨 미소 짓는 자신을 발견할 수 있답니다. 재미를 찾는 과정을 알아가는 단계입니다.

이것이 합격으로 가는 공부방법입니다. 시험에도 '코칭'이 필요합니다. 이러한 '코칭'을 실천하려는 의지와 행동이 당신의 단기합격 드라마를 만듭니다.

당신은 합격할 수 있습니다. 생각만 하지 말고 행동으로 옮겨 실천하기만 하면 됩니다. 피겨 여제 '김연아'도 수천 번 아니, 수만 번의 엉덩방아를 찧고 금메달의 영예를 안았다고 합니다. 발레리나 '강수진'의 발을 보면 그녀가 얼마나 피나는 노력을 했는가를 알 수 있습니다.

봅슬레이 원윤종, 서영우 선수도 실패를 딛고 눈물겨운 노력이 있었기에 가능한 기적이었습니다.

땀과 노력은 절대 배신하지 않습니다.
편법이나 잡기술은 오래 가지 않습니다.
합격의 기술에 화려하고 멋진 기술이 필요하지도 않습니다.
하루를 살아가십시오. 그리고 버텨야 합니다.
1주일, 1년을 계획하지 말고 오늘 하루를 견뎌야 합니다.

이렇게 모인 것이 1주일이고 한 달이 될 수 있습니다.
지금 당신은 얼마나 노력하고 계십니까?

추운 겨울에도 이마에는 땀이 맺히고, 독서실 한 구석에서 늦은 시간까지 책을 보며 주말을 잊은 수험생의 모습이 있습니다.
새벽을 잊은 채 책을 보며 꿈을 키우는 수험생도 있습니다.
자투리 시간을 아껴가며 붐비는 지하철 안에서도 책에서 눈을 떼지 않는 수험생도 있습니다.
여기는 노량진입니다.
공무원 수험생들이 모이는 노량진입니다.
합격생은 가고 길을 지우는 틈 사이에서, 합격생이 되고자 노력하는 열정이 모이는 곳에 제가 있었습니다.

2) 자신의 한계점을 찾아라 (불합격을 한 오늘입니까?)

어제도 새벽 4시에 집으로 향했습니다.
함께 공부하는 세민이와 성희는 경찰 시험 준비생입니다. 오랫동안 불합격을 경험한 장수생입니다.

그들은 절박합니다. 올해는 더욱 그러합니다. 이제 더 버틸 힘이 없고, 돈도 떨어져 갑니다. 내일 저녁을 걱정할 정도로 힘이 들지만 오늘은 어떻게 견디며 하루를 마감합니다.

지방이라 노량진 고시원에서 생활합니다. 잠만 자고 옷만 갈아입을 정도면 됩니다. 아침이면 눈이 번쩍 뜨여집니다. 시험이 다가옴에 따라 정신은 더욱 맑아집니다.

가슴은 벌써 떨려옵니다. 솔직히 두렵고 무섭습니다…. 시험이 끝나는 시간과 정답을 확인하며 채점하는 일이 이제는 무서워졌습니다. 준비하는 과정은 어떻게든 견디고 참을 수 있었지만, 나의 불합격을 확인하는 그 시간이 얼마나 춥고 고통스럽고 쓰라린 일인지 나만큼은 모를 겁니다. 오롯이 혼자서 참아내야 할 시간입니다.

옆에 누군가가 있어 나의 이야기를, 내가 밤을 새우며 공부한 시간을, 돌아서면 헷갈렸던 어려운 공부를 설명하고 이해시키고 싶습니다.

그러나 아무도 없었습니다. 오직 나 혼자서 마주해야 할 그 시간이 더 무서운 것입니다. 우리는 세민이와 성희를 이해할 수 있어야 합니다. 대한민국에서 공무원 시험을 준비하는 분이라면, 공무원 준비를 하는 수험생을 둔 부모라면 더욱 공감할 수 있어야 합니다.

우리들은 최선을 다해 노력했습니다. 그 방법이 어떻든지, 그 시간이야 얼마가 됐든 누군가를 위해서도 아니고 누구에게 자랑하려 한 것도 아닌, 그저 평범한 직장 하나, 보통의 저녁을 꿈꾸는 인생을 기약하며 시작한 공부가 몇 년이 흘러도 계속 제자리에 맴돌고 있다는 것을.

우리는 함께 고민하고 가슴 아파할 줄 알아야 합니다. 누군들 떨어지고 싶은 마음이 있었겠습니까?

점심은 일상의 김밥 한 줄이고 배에서 꼬르륵 소리가 나는 저녁에야 허기진 배를 채워 새벽을 버티는 시간을 보았습니다.

시험이 끝나는 날 저녁이면 이불을 뒤집어 쓴 채 얼마나 울었는지 눈물 자국이 남은 상큼한 얼굴을 보았습니다.

어떻게든 기쁜 소식을 알리려고 노력한 시간이 주마등처럼 지나지만 합격을 하지 못했습니다. 기다리는 엄마에게 전화해야 하는 그 시간이 얼마나 미안하고 망설여지는지. 주저하기를 열 번, 스무 번... 전화기만 만지작거리는 모습을 보았습니다.

그간의 노력에 응원과 격려를 보내야 할 때입니다. 합격자보다 불합격자가 훨씬, 훨씬 많습니다. 누구도 이들을 들여다본 적이 없습니다. 하이라이트는 합격자만 비춰 주기 때문이기도 합니다.

실패하셨나요?
이번에도 당신의 차례가 아니었나요?
세상 모든 것이 보약이랍니다.
보약은 쓰고 맛이 없지만, 나중에 보면 몸에는 좋습니다.
괜찮아요.

비가 오면 비를 맞기도 하고, 눈이 오면 그 눈을 맞으며 걸어

가다 보면 당신 앞에 따사롭고 밝은 햇살이 비출 때, 그것이 얼마나 소중한지 알게 됩니다.

우리는 남들과 다르게만 살 수는 없습니다.
남들이 그러하듯 우리도 그러합니다.
바람에 흔들리지 않고 피는 꽃은 세상에 없습니다.

오늘 당신이 실패를 했고 그 고통에 너무 힘이 든다면 들려 주고 싶은 말이 하나 있습니다.

"저도 그랬습니다."
"당신처럼…"

3) 책 1권을 선정해 그것만 반복해서 보고 연습하라

당신이 합격을 하고 싶다면 코칭이 필요합니다.
수험생들과 씨름하며 버티고 견딘 시간이 사계四季를 지납 니다.

'왜? 이렇게 오래 공부해도 안 되는 걸까?'

불합격을 몇 년씩 경험하고 아파하는 친구들(?) 틈에 제가 살고 있습니다. 떨어지는 것은 이유가 있었습니다.

너무 많은 노량진 강의와 동영상 강의를 듣습니다. 너무 많은 교재로 둘러싸여 정신을 못 차린 채 살아갑니다.

기본이 없는 공부로 문제집만 외우고 기출문제집만 부여잡고 있습니다. 실제로 공부시간을 보니 집중하는 시간은 얼마 되지 않습니다. 버려지고 헛되이 보내는 시간이 너무 많습니다.

공부법을 알려 주어도 실천하지 않습니다. 합격하겠다는 목표가 구체적이지도 않습니다. 내년쯤, 후년쯤….

시간에 눌리고 쫓겨, 시간 가는 줄 모르고 살아갑니다. 그렇게 불합격생은 늘 같은 불합격만 맛보고 있었습니다.

200여 명의 수험생들과 상담을 하며 느낀 것은 많은 조언이 필요하지는 않다는 것입니다. 아무리 좋은 코칭을 해 주고, 실천을 하라고 트레이닝 시켜도 다시 원래대로 돌아가서 자신의 방법을 고수하는 분들이 너무나 많았습니다.

이 책에서 강조하는 〈공무원 시험을 위한 코칭〉은 실행이 중요합니다. 〈공무원 시험을 위한 코칭〉은 늦은 시간까지 공부에 몰두하면서도 불합격의 고통을 참고 견뎠던 수험생을 위한 조언이며, 단 한 명의 실천가인 당신이 단기간에 합격하기를 바라는 마음입니다.

'책은 1권만 구입하라'

'이미 많은 책을 가지고 있다면 모두 버려라.'

'그렇지 않으면 당신은 합격할 수 있는 시간과 기회를 모두 잃게 된다.'

시간은 한정되어 있습니다.

5년을 노량진에서, 수험가에서, 대학 도서관에서 맴도는 수험생도 있습니다. 보통 2~3년 동안 합격을 하지 못해 가슴 아프게 사는 수험생이 많습니다.

당신이 아는 것보다 훨씬 상황은 심각합니다.

코칭은 당신이 잘 되기를 바랍니다.

책은 1권만 구입하고 더 이상의 책은 누가 무슨 말을 해도 소유하지 마십시오. 때가 되면 어느 책이 본인에게 도움이 되고, 필요한 책인지를 구분할 줄 알게 됩니다.

참고서로 활용할 수도 있지만 이 역시 불필요한 것이라 생각됩니다. 책은 1권이면 충분하고 또 충분합니다.

4개월 만에 9급, 7급 동시합격을 한 불혹의 늦깎이 수험생이
었던 저의 조언이기도 합니다.

당신이 실천해야 할 공부법은 어렵지도 화려하지도 않은 기
술입니다. 하루를 살아가십시오. 하루의 계획을 반드시 실천
하십시오. 계획을 세우는 일에만 몰두하지 말고, 실천하지 못
함을 자책하서야 합니다.

뇌구조는 영악하다.
지금 바꿔라

세현이는 공무원 시험 초보 수험생입니다. 아직은 의자에 앉아 있는 것도, 책상에서 눈을 붙이고 쪽잠을 청하는 것도 어색합니다.

하루에 15시간을 함께 합니다.
제가 잠시 자리를 비우기만 하면,
그도 역시 함께 자리를 비웁니다.
어디로 갔을까요?

공무원 시험을 위한
코칭

눈을 비비고 들어옵니다.

한잠 자고 오는 길입니다.

다시 책상에 앉습니다.

이제는 힘이 납니다. 기분이 좋습니다.

음악을 들어야겠습니다. 귀는 이미 천국입니다.

천국에서 공부는 재미없는 과목이 됩니다.

친구의 메시지가 옵니다. 나가서 전화를 겁니다.

이제는 저녁을 먹으러 갈 시간입니다.

맛있는 저녁을 먹고 열심히 해야 합니다.

하루가 금세 새벽으로 향합니다.

휴~ 집으로 갈 시간입니다.

내일은 좀 늦잠을 자야겠습니다.

우리의 뇌는 생각보다 영악합니다. 서면 앉고 싶어지고, 앉으면 눕고 싶어집니다. 공부시간이 전날에 5시간이면, 오늘 6시간 공부하기는 버거워집니다.

뇌는 이때 거부반응을 보입니다.

'조금 자다 할까?'
'조금 쉬었다 하는 게 좋겠어.'
…Z…Z

반대로, 당신의 최고점을 도전해 보십시오.
뇌는 이제 용감한 전사처럼 변해 있습니다.
당신의 한계점인 15시간에 도달하게 되면 뇌는 당신에게 지시합니다.

'뭐든 할 수 있다. 우리는!'

14시간 따위는 쉽게 생각합니다.
10시간 공부하기는 식은 죽 먹기가 됩니다.
당신은 이런 경험을 한 적이 있습니다.

게임을 좋아하는 조카 수빈이, 친구를 좋아하는 삼촌도, 술을 좋아하는 아빠도 자신의 한계를 시험하려 도전한 적이 있습니다.

노래방에서 목청을 힘껏 올려 최고 난도(?)의 가성을 발휘한 적이 있습니다. 윤도현의 '나는 나비'를 불러 보세요. 당신은 최고점에 가 본 전사가 됩니다.

당신은 수험생입니다. 경쟁이 치열하다고 합니다. 특별한 전략이나 전술도 없이 20만 대군을 상대로 최고가 될 수 있을까요?

당신의 마음은 안락함을 더 추구하기도 합니다. 당신의 뇌는 오늘은 그만 하고 쉬자는 안이한 주문을 하려 합니다.

이때, 한 번 뇌에게 질문을 해 보세요.

'지금 편안한 시간을 택할래, 나중에 행복한 삶을 택할래?'

당신의 뇌는 똑똑합니다. 지금 구조를 바꾸도록 실천하십시오. 한 번 길들인 습관은 웬만해서 잘 바뀌지 않습니다. 당신의 뇌는 똑똑합니다.

7

아침에 눈을 떴을 때도
변하지 않을 목표를 정하라

밤새 잠을 설치며 고민한 당신입니다.

어제 내가 고민한 이것이, 내일도 변하지 않는다면, 그것은 확실한 선택이 맞습니다. 밤의 고요함은 당신의 마음을 부드럽고 편안하게 만들기도 하지만, 가끔은 나약하고 두렵게도 합니다.

공무원 시험을 준비하겠노라고 친구들에게, 연인에게, 부모님에게, 형제에게 이야기합니다. 하지만 아직은 불안한 미래입니다. 합격할 자신도 없고 그렇다고 딱히, 대안이 없어 택할 수도 있습니다.

자신이 고민하고 실수한 것을 누구도 오래 기억하지는 않습니다. 각자의 바쁜 하루에 걱정할 것이 많은, 복잡한 세상입니다. 당신이 중요합니다. 당신의 결정이 열쇠입니다.

'하겠노라' 했다가도 그만두서도 됩니다. 다만, 공부를 시작하려면 적어도 변하지 않을 결심을 하라는 것입니다. 그래야만 힘들 때도, 어려울 때도 견뎌낼 수 있습니다.

'할까 말까' 정도의 고민이라면 아예 시작을 하지 마십시오. 공무원 시험 준비로 몇 년을 공부하고도 합격을 못 하는 수험생이 많다고 말씀드렸습니다. 결심이 서지 않고 시작한 공부는 위험한 결정입니다.

합격자는 아침에 눈을 떴을 때 변하지 않을 결심을 했습니다.

'반드시 이번에 합격을 한다.'
이렇게 말이지요.

8

단기 목표를 세워라

막연한 목표를 세우지 마십시오.

막막한 일만 생깁니다.

막연한 목표를 세우는 것은, 언제든 바닷물이 들어오면 허물어지는 모래성과 같습니다.

아프리카 치타는 사슴 사냥을 할 때 처음부터 전력질주를 하지 않습니다. 자신이 최선을 다해 달려서 목표를 잡을 수 있는 그 순간부터 치타는 뛰기 시작합니다.

멀리 있는 목표를 향해 계획을 세우지 말아야 합니다. 그냥 바라보기만 할 뿐, 그것은 내 것이 아니기 때문입니다.

당신은 내년에 있을 시험을 준비한다고 말합니다. 그래서 아직 여유가 있고 내가 취약한 영어나 한국사 공부만을 하면 된다고 말합니다.

오늘은 피곤합니다. 그래서 내일부터 공부하리라 약속합니다. 그리고 내일은 또 다른 어제처럼 반복된 약속을 합니다.

내년이 되었습니다. 당신은 또 내년을 기약합니다.

이제는 오래된 장수생이 되었습니다.

당신은 멀리 있는 신기루만 좇았던 추억만 남깁니다.

오늘 당신이 계획을 세운다면 가장 가까이 있는 것으로 목표를 세우십시오. 그것이 큰 사슴이 아니어도 좋습니다. 토끼도 괜찮습니다. 더 작은 것도 괜찮습니다.

당신이 작은 목표 하나를 제대로 지키면 지금보다 더 큰 목표를 이루리라 믿겠습니다. 그러나 큰 목표만 세울 뿐이고 아무런 성과가 없는 계획을 보여 주시면 세상 누구도 당신을 신뢰하지 않을 것입니다.

9

목표를 이루기 전에는
잠을 자지 마라

지금은 자정이 가까운 11시 43분입니다.

시험이 임박한 수험생들이 옆에서 공부를 하고 있습니다.

이곳은 교실 구석의 작은 서재입니다. 초라한 저녁을 먹고 밤을 잊은 채 공부하는 수험생. 저는 그들과 함께 이 자리에서 1년이란 시간을 동고동락하고 있습니다.

목표를 세우셨나요?

딱! 1년 만에 합격할 수 있다고 말씀하셨나요?

충담사의 안민가를 보면 이런 구절이 나옵니다.

'임금은 임금답게, 신하는 신하답게, 백성은 백성답게.'

그렇습니다.

당신이 서원誓願을 세우고 이를 지키고 이루려면, 그에 걸맞은 행동으로 보여주는 것이 있어야 합니다. 그래야 하늘도 믿고, 땅도 믿고, 당신을 지켜보는 우리들도 믿겠습니다.

노력하십시오.

인내와 희생 없이 이룰 수 있는 것은 없습니다.

15시간이고, 10시간이고 당신이 참고 견딜 수 있는 동안 최선을 다할 것이라 했으면 이것을 지킬 때까지는 잠을 주무시지 마십시오.

잠이 옵니까?

당신이 이루기 위한 꿈은 꿈속에서 만들어지는 것이 아닙니다.

당신의 위대한 노력과 땀은 절대 당신을 배신하지 않을 오롯이 '당신 편'입니다.

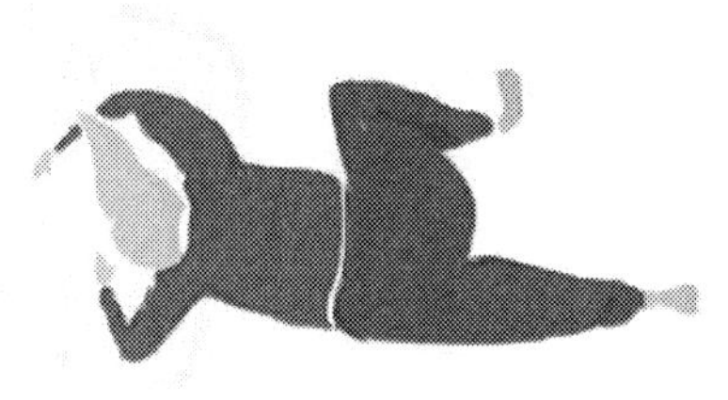

10

고통은 더 많은
아이디어를 준다

제가 시험을 준비할 때, 더 없을 고통이 한꺼번에 몰려온 시기였습니다. 본의 아니게 믿었던 지인에게 금전적 피해를 입은 것으로 정신적 충격이 컸습니다.

이 글을 직장인이나 30대 이상 수험생이 읽는다면 공감하는 부분이 많겠지요. 참, 인생은 평탄하지 않습니다.

끼니를 걱정할 정도로 힘든 시간에 부딪히는 건 곤궁함에서 오는 배고픔과 허기짐입니다. 자괴감으로 사람에 대한 경계심이 심해지고, 혼자 생각하는 시간도 많아지구요.

'자! 이제 어떻게 살아갈까?' 하루 종일 이 생각만 했습니다. 지나가는 수험 친구(?)에게 저녁을 대접받고, 내가 가진 지식을 나누는 품앗이도 그렇게 생각해 낸 아이디어입니다.

고통은 처절한 노력을 잉태합니다. 살기 위해, 견디기 위해, 내가 지금 할 수 있는 최선을 찾게 됩니다.

절박함이 무기가 된 순간, 더 잃을 것도 없는 절벽에 서 보면 깨닫는 게 있습니다. 하루를 견디고 살아가는 게 어렵지, 잠 하루 덜 자고 공부하는 건 일도 아닙니다.

이렇게 시작한 공부가 국가직 7급 시험이었습니다. 남이야 뭐라고 하든, 공부는 제게 고통을 잠시라도 잊게 해 준 고마운 친구입니다. 공부할 때가 유일하게 쉼이었습니다.

공부가 끝나면 다시 고민을 해야 하니까요. 고통은 제게 선물Present을 가르쳐 주었습니다.

Present is Present.
'현재는 선물이다.'

지금이 가장 중요한 순간이란 걸 일깨워 준 큰 계기가 되었

습니다. 나중에, 나중에를 입버릇처럼 외치던 저였지만 나중
이란 없음을 알았습니다.

그래서 준비한 지 3개월 만에 국가직 7급도 합격합니다.

누군가에게 자랑할 나이도 아니며, 누구에게 내보일 만큼
이룬 것 하나 없습니다.

단지 누구보다 많은 실패를 했고, 누구보다 많이 고민하며
아파한 적은 있습니다. 오뎅 장사도 해 보았고, 식당도 해 보았
으며 배달일도 많이 했습니다.

배운 것 많은 지식인이라 학원 강사도 하였습니다. 그래도
사는 것은 어렵습니다. 어른이 되면 더 현명해지고 지혜로울
지 알았지만 세상일에 늘 실수하고 배우고 고민합니다.

제 부족한 인생 이야기를 하는 것은 아닙니다.

공부를 하는 동안, 수험생을 만나 그들과 함께 하는 시간
동안 보고, 듣고, 느낀 것을 나누고 싶었습니다.

당신은 현재 황량하고 추운 벌판에 혼자 서 계신가요?

아니면 따뜻하고 편안한 침대에서 이 글을 읽고 계신가요?

죄송합니다.

전자에 계신 분이 합격할 확률이 더 높습니다.
춥고 배고픈 사람이 더 먼저 해답을 찾으려 합니다.
고통은 늘 새로운 아이디어를 줍니다.

당신이 지금, 절박하고 힘겨움에 봉착한 상황이라면 반드시
해답을 찾아낼 것입니다. 아니, 찾아내야 합니다.

11

단기합격의 신화?

단기간 합격은 신화가 아닙니다.

노력과 기술이 어우러진 작품일 뿐입니다.

공부법을 충실히 익히고 실천해서 내 것으로 만들고 밤을 새우는 노력을 가미하기만 한다면 누구나 이룰 수 있습니다.

세상은 밤을 새우는 작업을 힘들다고만 합니다. 하루가 힘들지요, 이틀, 사흘, 나흘을 해 본 적이 있으신가요?

사람들은 어설픈 두려움을 사실인 양 부풀리는 속성이 있습니다. 해 보시고 말씀을 하면 믿겠습니다.

수험생들과 함께 오랫동안 해 본 결과, 누구도 힘들다는 말을 하지는 않습니다. 남을 위한 노력이 아니라, 바로 자기 자신을 위한 것이기에 누구도 불만이 없습니다.

행복한 피곤함에 잠시 눈을 붙이러 집으로 돌아가는 길에는 콧노래도 나옵니다. 콧노래? 해 보시면 알 수 있을 노래입니다.

집으로 가는 새벽시간, 콧노래가 나오는지 알아보고 싶으신가요? 이제, 당신이 콧노래를 준비해야 합니다.

12

국어는 생활이다

공무원 국어시험은 일상생활에서 접하는 것을 통해 공부하셔도 참 재미있습니다. 억지로 하는 공부는 오래 못 갑니다.

어머니께서 시장에 가서 김 한 톳을 사시러 간다고 할 때 당신은 궁금합니다.

김 한 톳?

무슨 뜻이지?

<단위 명사>는 수량을 의미하는 명사입니다.

예를 들어 '김 한 톳'은 김 100장입니다.

'달걀 한 판'은 달걀 30개입니다.

'고등어 한 손'은 고등어 2마리입니다.

어때요?
재미있지요.

국어는 어렵고 딱딱한 것이 아닙니다. 바로 일상생활이 국어
공부입니다.

수량을 기준으로 자주 출제되는 단위 명사를 알아봅니다.

◆ 100
① 톳 : 김 100장
② 접 : 과일 또는 채소 100개
③ 채 : 인삼 100근
④ 강다리 : 쪼갠 장작 100개비

◆ 50
거리 : 오이, 가지 50개

◆ 30

판 : 달걀 30개

◆ 24

쌈 : 바늘 24개

◆ 20

① 두름 : 생선 20마리

② 제 : 한약 20첩

③ 축 : 오징어 20마리

④ 쾌 : 북어 20마리

◆ 10

① 꾸러미 : 달걀 10개

② 뭇 : 생선 10마리

③ 죽 : 버선 10장(켤레)

④ 죽 : 옷이나 그릇 10벌

⑤ 섬 : 쌀 10말

◆ 2

손 : 고등어 2마리

〈연습문제〉를 통해 실력을 점검하고 복습합니다.
시험에서 빠지지 않고 출제됩니다.

다음 단위 명사를 숫자로 바꿔 보시오. 정답은 여러분이 찾
을 수 있습니다.

〈연습문제〉

1. 오징어 한 축 = 20

2. 북어 한 쾌

3. 달걀 한 꾸러미

4. 한약 한 제

5. 바늘 한 쌈

6. 김 한 톳

7. 고등어 한 손

8. 달걀 한 판

9. 조기 한 두름

10. 버선 한 죽

잘 풀어 보셨나요?

당신은 합격해서 첫 월급을 받으면 우선 무얼 하실 계획입니까?

어머니께 보약을 선물하셔야 합니다.

한약 한 재, 한약 한 제.

어느 것이 올바른 표기인가요?

한약을 달이다, 한약을 다리다.

어느 것이 올바른 표기인가요?

공무원 국어는 헷갈리는 문제에서 변별력을 묻는 문제 유형이 많습니다.

<제가 합격을 해서 어머니께 '한약 한 제'를 선물해 드리고 싶습니다.>

그냥 '한약 한 제'로 단순 암기를 할 경우 다음에 또 헷갈립니다. '한 재' 또는 '한 제' 이렇게 질문하면 헷갈립니다.

이야기로 공부하는 방식을 '스토리텔링 기법'이라 합니다.

스토리텔링 공부법은 공부의 신들이 좋아하는 공부법입니다.

저 역시 스토리텔링을 즐겨 사용합니다. 특별한 것은 없습니다.

경험을 통해서도, 이야기를 통해서도 만들 수 있습니다.

친구의 이름도 가능합니다. 연예인의 이름도 가능합니다.

여러분이 직접 만들어 해 보셔도 참 좋은 공부법입니다.

'열심히 꼼꼼히 공부해도, 번번이 떨어지는 것을 곰곰이 생각해 보았어.' 이렇게 해야 '-히, -이'에서 빈출되는 어휘를 오래 기억할 수 있습니다.

국어시험 준비는 생활 속에서도 충분히 재미있게 할 수 있음을 잊지 마세요.

13

ebsi
교육방송 영어의 힘

중졸 아들을 서울대에 합격시킨 이야기를 텔레비전에서 본 적이 있습니다.

아버지는 막노동을 전전하며 생계를 이어가고, 큰아들은 게임 중독, 둘째 아들은 아토피, 평범하기보다는 열악하기까지 한 일상에서 기적이 일어납니다.

난독증을 가지고 있는 아빠는 중졸입니다. 마흔 넷에 수능 공부를 시작하고 직접 아이들을 가르치고 일깨워 자식 둘을 서울대학교와 한양대학교로 보냅니다.

아버지의 실력은 수능문제를 보기만 해도 답이 나올 정도의 '고수'입니다. 당신도 이 이야기를 본 적이 있을 수도 있습니다.

그리고 이 이야기를 접한 많은 분들이 궁금해 합니다.

어떻게?

그저 감탄만 하고 다른 채널로 돌려 잊어버린 이야기를 꺼내는 이유가 있습니다. 모르면 물어보라는 공자의 공부법처럼 아버지는 끊임없이 노력을 했습니다.

유일한 선생이며 유일한 공부법은 바로 ebsi. 교육방송이었습니다.

벽에도 수첩에도 눈에 보이는 모든 곳에 정리가 돼 있습니다. 화장실에 앉아서도 공부할 시간입니다.

너저분한(?) 집이 바로 공부하는 놀이터였습니다.

당신은 영어를 잘 못해 늘 고민이신가요? 영어 점수 때문에 몇 년씩 노량진에서 공부하는 수험생이 거의 절반이라고 해도 과언이 아닙니다.

과락자(40미만 점수)가 영어시험에서 가장 많이 나옵니다. 9급 시험에서 40%가 넘습니다. 7급 시험은 60%가 넘습니다.

수험생들의 영어로 인한 스트레스는 극에 달합니다. 그런데 방법을 찾지 못해 매일 이리저리 방황하는 수험생들이 너무나도 많습니다. 제가 중졸 아버지의 위대한 이야기를 꺼낸 것은 바로 여기에 답이 있기 때문입니다.

저 역시 큰 도움을 받았고, 영어 5점의 한 학생을 지도하면서 직접 경험한 일이기도 해서 더욱 자신 있게 추천하는 것입니다.

당신도 영어에서 고득점을 맞는 공부의 신이 되고 싶으신가요?
당신도 공무원 영어에 자신감을 갖고 싶으신가요?
당신은 이 책을 읽고 실천할 자신이 있으신가요?

그러면 당신은 오늘 큰 '시크릿' 하나를 알게 될 것입니다. 실천만 하면 당신의 영어 실력은 반드시 향상됩니다. 합격에 성큼 다가가는 기술 하나를 얻게 됩니다.

자! 무엇일까요?
영어를 잘하는 방법을 소개합니다. 바로 인터넷 교육방송 ebsi입니다.

9급 공무원 영어 시험은 독해 지문이 절반 정도 출제됩니다.

노량진에서 영어수업을 듣고 스파르타반이니, 기초반이니, 영어 과외니, 무슨 이야기를 해도 ebsi. 교육방송을 이길 수 없습니다.

대한민국에서 가장 잘 가르칩니다. 가장 정직하게 가르침을 주십니다. 저 역시 인정하는 사실이며 중졸인 두 아들을 직접 가르치며 지도한 아버지의 이야기이기도 합니다.

영어를 못해서 3년을 울며 지내다 2주 만에 영어 70점. 두 달 뒤에 영어 80점을 맞은 합격생 1인의 이야기이기도 합니다.

"공무원 영어 독해는 수능과는 다르지 않나요?"

다르지 않습니다.

오히려 더 풍부한 어휘와 구성으로 세상 누구도 따라가지 못할 수업 내용이며, 대한민국 객관식 영어시험을 준비하는 확실한 대비책입니다.

공무원 영어 독해집, 각종 영어 공무원 교재들을 보십시오. 어렵고, 재미없고, 두껍고, 속이 답답해질 만큼 어렵습니다.

학원에서 강의하는 강사들은 항상 말합니다. 본인의 강의를 들어야 합격한다고. 합격생이 나와서 입증했다며, 자기 책에서

적중되었다고, 1,000페이지가 넘는 책을 보여 줍니다.

저도 읽지 못했고, 한 번도 그런 책으로 공부해 본 적이 없습니다. 교육방송에서의 영어강의는 모든 거짓을 뛰어넘는 진실한 영어 공부비결입니다.

하루 30분만 들으시면 됩니다. 그리고 전원을 꺼 주십시오. 이를 매일같이 하루도 거르지 말고, 한 달만 해 보십시오.

당신은 영어의 재미를 알게 됩니다. 영어 교재 만원입니다. 이 정도 투자와 무료강의 ebsi. 시청하기. 이것만 하십시오.

너무 쉬운 것 아니냐고 반문하는 분들도 많았습니다.

"시험에 나오는 지문이 아니면요?"
"공무원 시험은 다르지 않은가요?"

미덥지 못하다는 반응의 질문들…:

이렇게 의심만 하다 1강도 제대로 듣지 않습니다. 실천하고 안 하고의 차이만이 있었습니다.

딱, 이러한 차이 하나가 당신의 영어점수 향상을, 합격·불합격을 만듭니다. 이 쉬운 일을 불합격자는 안 했습니다.

영어 5점 맞는 학생도 믿고, 저 역시 믿고, 감동한 강의가 ebsi. 교육방송입니다. 노량진에는 이렇게 훌륭한 선생님이 많지 않습니다.

교육 상업주의 최정점에서는 이렇게 가르치지를 못합니다. 돈을 벌어야 할 학원과 강사는 진실하게 지식을 줄 리 없습니다.

당신이 떨어지는 것에 관심도 없습니다. 당신은 학원의 광고 문구에 속아 당신의 시간과 돈을 버리고 있지 않습니까?

강사 실력의 차이가 여러분의 합격을 보장해 주지 않습니다. 여러분의 노력과 강사의 열정이 만날 때 효과가 극대화됩니다.

ebsi. 고교 수능방송 영어는 가장 확실한 여러분의 편입니다. 공부의 신들도 전국 수석을 한 친구들도 모두 알고 있는 '시크릿'을 이 글을 통해 다시금 알려 드립니다.

이제, 당신의 결정만이 행동으로 옮기는 열쇠입니다. 그리고 오늘부터 1강씩 들으면서 공부하시면 됩니다.

처음에는 가볍게 만화책 보듯이 시청하고, 반복은 앞에서의 설명과 같이 하시면 됩니다.

지금까지 영어독해에 대한 해결책을 긴 설명으로 드렸습니다. 당신의 선택이 어떠하건 여기까지입니다. 그 다음은 운명입니다.

공무원 영어시험에서 앞 페이지를 차지하는 부분이 있습니다. 영어 어휘와 어법 그리고 생활영어가 남았습니다.

보통 20문제 중 많게는 10~13문제 정도가 출제됩니다. 어려워하는 부분으로 많은 수험생들이 고민하는 파트입니다.

명쾌한 답을 드립니다. 영어 어휘를 1년간 분석해 보니 1,000단어만 반복하시면 됩니다.

영어 어휘와 숙어 그리고 생활영어는 기출의 반복 또 반복입니다. 이것밖에는 말씀드릴 것이 없습니다.

자주 반복되는 단어와 숙어가 또 출제됩니다. 1년 동안 모아보고 가르치고 안내해 보니, 기적같이 점수가 올라갑니다. 1,000개 안에서 벗어나지 않았습니다. 합격생들이 모두 알고, 공부의 신들이 모두 아는 두 번째 '시크릿'입니다.

시험 과목을 정리하고 가르친 결과 암기하고 이해할 분량은 보통 150 페이지를 넘지 않았습니다. 과목별 150페이지 분량이 정리하고 암기할 내용입니다.

공부는 쉽고 재미있어야 하는 것이 맞습니다. 초등학생이 보는 이야기 한국사가 도움이 되었고, 고등학생이 보는 교육방송으로 뼈대를 잡았습니다.

아주 가까이에 내가 도움 받을 책이 있었고, 강의가 있었습니다. 서울까지 와서, 비싸고 힘든 여정을 겪어내며 노량진 작은 고시원 방에서 젊음을 낭비하지 말아야 합니다.

당신은 간절해야 합니다. 그리고 순수한 도전이 있어야 합니다. 마음은 가난하지만 열정은 누구보다 뜨거운 당신이 되어야 합니다. 열정이 있다면 행동할 수 있습니다.

14

한국사는
초등학생이 보는
만화책을 읽자

한국사는 시간이 많이 걸리는 과목이 맞습니다. 암기할 것도 많고 연도도 복잡합니다. 왕의 계보도 헷갈리고 역사적 사건들도 많습니다.

모두 어렵다고 말합니다. 하지만 한국사 만점이 합격 당락의 열쇠가 됨을 강조합니다.

전략적으로 합격점수를 분석해 본 적이 있습니다.

공무원 시험을 위한
코칭

영어 100점은 어렵습니다.

국어 100점 역시 어렵습니다.

긴 지문의 독해와 순서 맞추기 문제, 한자 문제 등 고난도의 문제가 기다립니다.

한국사의 경우는 기출의 재반복입니다.

그러면 방법이 있습니다.

한국사 만점에 도전하십시오.

한국사의 경우 만점이 충분히 가능합니다. 한국사 교과서와 수능 교육방송이면 가능합니다. 그리고 기출문제집 1권을 추천합니다.

오직 이렇게만 활용하시면 됩니다. 더 이상의 문제집과 모의고사집 그리고 학원 강의를 보는 순간, 그때부터 발목이 잡히고 고통에 빠지게 됩니다.

영어의 경우와 별반 다르지 않습니다. 수능 만점자와 공부의 신들도 동일하게 말합니다.

‘교과서에서 모두 출제되었다고, 그래서 교과서만 보았다고.’

이것은 진리이며, 저도 알고, 공부의 신들도 이미 깨우친 진실입니다. 당신이 아직 믿지 않는 것도 사실입니다.

시험이 끝나면 앞다투어 학원에서 광고를 합니다. 강사 본인 책에서 다 나왔다고 말이지요. 3,000페이지 책과 기출문제집, 모의고사집을 보여주며 이 많은(?) 것을 모두 보고 외우면 다 된다고 말입니다.

저는 못합니다. 그리고 시도할 생각도 없습니다. 학원 동영상 강의, 노량진 실강을 전혀 들은 적이 없습니다. 그럴 시간도 전혀 없었고 듣는 것 자체가 시간 낭비였습니다.

100강의 기본강의, 100강의 심화 기출강의를 들을 수 없었습니다. 공부 재미는 완전히 사라지고, 정신은 혼미해집니다. 지식을 구하는 것이 아니라 고통을 구하는 공부가 됩니다.

문제의 해답은 교과서에서 찾고, 없으면 기출문제집을 보면 언제든 찾을 수 있는 것이 공무원 9급 한국사 시험문제입니다.

누구의 책을 보아야 한다. 누구의 강의를 들어야 한다는 말은 모두 불합격을 부추기는 나쁜 공부를 하게 만듭니다.

공부는 자신이 직접 읽는 힘을 길러야 합니다. 처음에는 힘이 듭니다. 그러나 내가 직접 읽은 텍스트(내용)만이 본인 지식이 됩니다.

공부 흥미를 주는 재미있는 역사 시간입니다. ebsi.를 듣고 30분 후면 전원을 꺼 주십시오. 이것도 재미있다고 빠지면 수능공부처럼 하게 됩니다.

우리는 공무원 시험 준비생입니다. 다만 재미 붙이기로, 역사 뼈대 잡기로, 흐름을 잡는 용도로 활용하기 좋은 강의입니다. 30분 강의를 인터넷으로 들으면 됩니다. 더 이상 욕심을 부리면 이것도 고역이 됩니다.

초등학생용 〈이야기 한국사〉 만화로 구성된 것을 본 적이 있습니다. 완전 재미있습니다. 초등학생용 한국사가 훨씬 실력을 향상시킬 수 있었습니다. 그리고 국정 교과서를 30페이지씩 읽고 반복하십시오.

그럼 사례를 보여 드리겠습니다. 공무원 한국사 기출문제가 교과서와 어떻게 연동되는지를 확인해 보겠습니다.

한국사 공부 어떻게 접근할 것인가?

다음은 2015년 6월 27일일 시행된 지방직 기출문제입니다.
한국사 문제입니다.
교과서 외에서 출제되었다고 모든 수험생들이 알고 있었던
그 문제입니다. 문제 원본과 한국사 국정교과서 페이지를 적습
니다.
공무원 시험문제는 국정교과서에서 그대로 출제됩니다.

〈2015년 지방직 기출 A형〉

`문제`

국정교과서 P.353 토씨 하나 다르지 않고 그대로 출제되었습
니다.

문 19. 다음 괄호 안에 들어갈 사항으로 옳은 것만을 〈보기〉에
　　　서 모두 고른 것은?

2000년 12월에 유네스코 세계 유산으로 지정된 경주 세계 역사 유적지구는 남산 지구, 월성 지구, 대릉원 지구, 황룡사 지구, 산성지구로 세분된다. 이중에 남산 지구에 해당되는 문화 유산으로는 (   ) 등이 있다.

<보기>

ㄱ.계림 ㄴ.나정(蘿井) ㄷ.포석정 ㄹ.분황사 ㅁ.첨성대 ㅂ.배리 석불 입상

① ㄱ.ㄴ.ㄷ

② ㄱ.ㄹ.ㅁ

③ ㄴ.ㄷ.ㅂ

④ ㄹ.ㅁ.ㅂ

2000년 12월에 유네스코 세계 유산으로 지정된 경주 세계 역사 유적지구에는 신라 천년의 역사와 문화를 한눈에 파악할 수 있는 다양한 유산이 산재해 있다.

〈남산지구〉

경주 남산은 야외 박물관이라고 할 만큼 온 산이 불교 문화재로 뒤덮여 있다.

이곳에는 <u>미륵곡 석불 좌상, 배리 석불 입상 등 많은 불교유적과 나정(蘿井) 포석정(鮑石亭)</u> 등이 있다.

〈월성지구〉

월성 지역에는 신라 왕궁이 자리하고 있던 월성(月城), 신라 김씨 왕조의 시조 김알지가 태어난 계림(鷄林), <u>천문시설인 첨성대</u> 등이 있다.

〈대릉원지구〉

대릉원 지역에는 황남리 고분군, 노동리 고분군, 노서리

고분군 등 신라 왕, 왕비, 귀족 등의 무덤이 모여 있다. 대
릉원 지역에서는 신라문화를 대표하는 금관을 비롯하여 천
마도, 유리 잔, 각종 토기 등 귀중한 유물이 출토되었다.

〈황룡사지구〉

  황룡사 지역에는 황룡사지와 분황사가 있다. 황룡사는 고
려시기 몽골의 침입으로 소실되었으나 발굴을 통해 4만점
의 유물이 출토되었다.

〈산성지구〉

  산성 지역에는 서기 400년 이전에 쌓은 것으로 추정되는
명활산성이 있다.

정답은 여러분이 찾을 수 있습니다.
교과서를 보고 정답을 찾아 주십시오.

다음 문제는 경찰직 2015년 기출문제입니다.
당시 교과서 외에서 출제된 지문이라고 알고 있는 분이 많

있습니다.

문화사에 관련한 책이 불티나게 팔리고 두꺼운 문화사 관련 수험서가 등장하기도 했지요.

아닙니다.

국정교과서 본문에 그대로 실려 있는 내용을 문제로 만든 전형적인 객관식 기법 공무원 문제입니다.

국정교과서 원본을 그대로 소개합니다. 토씨 하나 다르지 않고, 그대로 출제되었습니다.

<2015년 시행 경찰 1차 기출문제 10번>

문제

국정교과서 P.295에서 그대로 출제되었습니다.

조선시대 과학기술에 대한 설명으로 가장 적절한 것은?

① 태종 때에는 고구려의 천문도를 바탕으로 천상열차분야지도

를 돌에 새겼다.

② 계미자, 갑인자 등 정교하고 아름다운 활자가 만들어졌고, 세
  조 때에는 식자판을 조립하는 방법을 창안하여 인쇄 속도도
  빨라졌다.

③ 토지측량기구로 인지의와 규형을 제작하였다.

④ 동국병감, 병장도설을 간행하여 군사 훈련 지침서로 사용하
  였다.

▣ 〈병서 편찬과 무기제조〉 P.295

조선초기에는 국방력을 강화하려는 노력의 일환으로 많
은 병서를 편찬하였고 이와 함께 각종 무기의 제조 기술이
발달하였다.

세종 때는 화약 무기의 제작과 그 사용법을 정리한 총통
등록을 편찬하였고, 문종 때에는 김종서의 주도하에 고조
선에서 고려 말까지의 전쟁사를 정리한 동국병감을 간행하
였다. 이 시기에는 병장도설도 편찬되어 군사훈련의 지침서

로 사용하였다.

화약무기의 제조에는 최해산이 큰 활약을 하였다. 그는 최무선의 아들로서, 태종 때 관리로 특채되어 화약무기의 제조를 담당하였다. 조선 초기에 만든 화포는 사정거리가 최대 1000보에 이르렀으며, 바퀴가 달린 화차는 신기전이라는 화살 100개를 잇따라 발사 할 수 있었다. 병선 제조 기술도 발달하여 태종 때에는 거북선을 만들었고, 작고 날쌘 비거도선이라는 전투선을 제조하여 수군의 전투력을 크게 향상시켰다.

P.294

4. 과학 기술의 발달

□ 천문, 역법과 의학

조선 초 세종 때를 전후한 이 시기의 과학 기술은 우리나라 역사상 특기할 정도로 뛰어났다. 당시의 집권층은 부국강병과 민생 안정을 위하여 과학 기술이 중요하다고 인식

하였다. 이러한 여건 속에서 과학 기술은 국가적 지원을 받아 크게 발전하였다.

이와 아울러 우리나라의 전통적 문화를 계승하면서 서역과 중국의 과학 기술을 수용하여 훌륭한 업적을 남겼다. 특히, 천문학, 농업과 관련된 각종 기구를 발명, 제작하였다. 천체 관측 기구로 혼의와 간의를 제작하고, 시간 측정 기구로 물시계인 자격루와 해시계인 앙부일구 등이 만들었다. 자격루는 노비 출신의 과학 기술자인 장영실이 제작한 것으로, 정밀 기계 장치와 자동 시보 장치를 갖춘 뛰어난 물시계였다. 세계 최초로 측우기를 만들어(1441) 전국 각지의 강우량을 측정하였고, 토지 측량 기구인 인지의와 규형을 제작하여 세조 때 토지 측량과 지도 제작에 활용하였다.

조선은 건국 초기부터 천문도를 만들었다. 태조 때에는 고구려의 천문도를 바탕으로 천상열차분야지도를 돌에 새겼다. 세종 때에도 새로운 천문도를 만들었는데, 이것은 현재 남아 있지 않다.

천문학의 발달과 함께 새로운 역법이 마련되었다. 세종

때에 만든 칠정산은 중국의 수시력과 아라비아의 회회력을 참고로 하여 만든 역법서로, 우리 나라 역사상 최초로 서울(한양)을 기준으로 천체 운동을 정확하게 계산한 것이다. 이는 15세기 세계 과학의 첨단 수준에 해당한 것으로 평가되고 있다.

의학에서도 우리 풍토에 알맞은 약재와 치료 방법을 개발, 정리하여 향약집성방을 편찬하고, 의방유취라는 의학 백과사전을 세종 때 간행하였다. 이로써 15세기에는 조선 의학의 자주적 체계가 마련되어 민족 의학이 더욱 발전할 수 있었다.

<교과서 주석>

1. 칠정산(七政算) : 해, 달, 화성, 수성, 목성, 금성, 토성의 7개의 운동하는 천체의 위치를 계산하는 방법을 서술한 역법서

2. 천상열차분야 지도(태조) (국립 고궁 박물관 소장)

국정교과서는 가장 훌륭한 국사만점 대비서입니다.

교과서를 읽는 시간은 한국사 만점 대비를 하는 시간입니다.

15

부러워만 하지 마라

지금 당신이 누군가를 부러워한다면 당신이 갖고 싶어 하는 그것을 당신은 갖지 못했기 때문입니다. 당신은 그가 가진 것만 보고 있습니다.

하지만 합격자는 당신이 알지 못하는 수많은 시간과 노력을 한 사람이기도 합니다. 부러워만 하지 마세요. 누군가는 당신을 참 부러워하고 있습니다.

실패한 경험이 많은 것은 내가 그보다 많은 보약을 먹었다는 것입니다. 당신은 참 괜찮은 사람입니다.

16

혼자서 공부하지 마라

대학 도서관을 가십시오.

시립 도서관을 가십시오.

동네 독서실을 가십시오.

아니면 공부하는 친구랑 밥을 한 끼 드십시오.

공부를 혼자 하면 빨리 가는 것 같지만, 독불장군이 되어 갈 수 있습니다. 누군가랑 비교하지는 맙시다.

함께 뛰는 마라톤처럼 러닝메이트running mate가 있어야 합 니다. 선의의 경쟁입니다.

내가 누군가를 이기는 것이 아니라, 나를 이겨야 하는 싸움입니다.

그들도 우리처럼 자신을 이기기 위해 싸우고 있습니다.

서로 바라만 보아도 위로가 될 것입니다. 그 위대한 노력에 서로에게 박수를 보내고 응원을 할 것입니다.

혼자서, 방에 틀어 박혀서 공부하시면 안 됩니다.

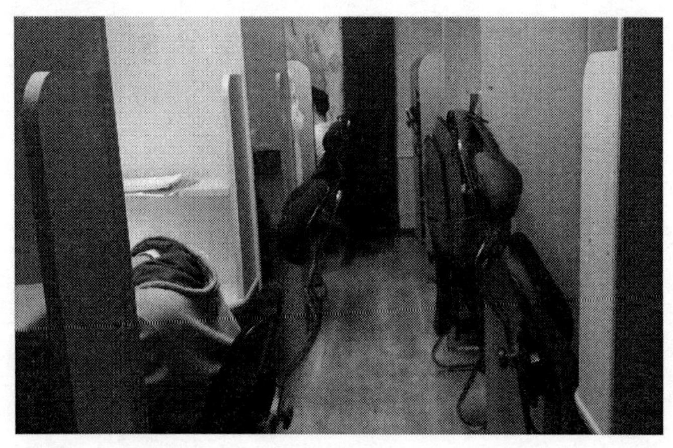

17

무조건
암기할 것도 있다

공부는 이해해야 암기가 쉽다고 말합니다.

틀린 말은 아닙니다.

하지만 무조건 외우는 것이 더 많습니다.

공무원 시험도 그렇습니다.

감동 깊게 본 영화를 두 번 이상 본적이 있습니다.

'인생은 아름다워'

'300'

‘브레이브 하트’

‘로마의 휴일’

언제나 다시 봐도 설레는 영화입니다.

당신은 영화를 두 번, 세 번 보는 저에게 이렇게 말할 겁니다.

“스토리를 아는 데도 재미있나요?”

다 외울 스토리를 가끔 잊어 먹을 때도 있어 다시 본다고 말합니다.

여러 번 무엇인가를 본다는 것이 영화뿐만은 아닙니다.

공부도 여러 번 반복하면 외워집니다.

가끔 생각이 안 나면 다시 보십시오.

세상의 이치는 모두 같습니다.

공부 방법도 다르지 않습니다.

‘까스라·테프트 밀약 - 2차 영·일동맹 - 포츠머드 강화조약 그리고 을사조약(1905)’.

프로 수험생은 이것을 앞 글자로 ‘까. 영. 포. 을사조약’ 이렇게 암기합니다.

18

묻고 답하라
화두 공부법

공부가 끝나면 눈을 감고 생각하십시오.

집으로 돌아가는 길에서, 아침에 도서관으로 향하는 버스에서, 신호등을 기다리는 시간에 스스로 묻고 답을 해 보십시오.

'내가 어제 공부한 게 뭐였지?'

'오전에 무슨 공부를 했지?'

'조선 세종 때에 편찬된 책이 어떤 게 있었지?'

어제 외운 단어와 숙어가 무엇이었는지를 스스로에게 묻고, 답을 생각해 보십시오.

불교에서는 이를 '화두'라고 합니다. 스스로 화두를 던져 보세요. 너무나 좋은 공부법입니다.

알면서도 입으로 뱉어내지 못하는 지식은 내 것이 아닙니다.

신간회가 무엇이었는지?

왜 민족 유일당 운동을 했는지?

신간회가 1927년에 창립되었고 비타협적 민족주의와 사회주의가 만났는지를, 타협적 민족주의자가 친일파(?)라는 용어와 같은 말임을 떠올려 입으로 말해 보세요.

<u>1929년 광주학생운동(3.1운동 이후 최대민족운동)에 진상조사위원회를 보낸 단체가</u> 신민회인지, <u>신간회</u>인지를 생각해 보고, 스토리를 기억해 보십시오.

걸어 다니는 시간이 'kill-time'이 아니라는 걸 배우게 됩니다.

시간이 없다고 탓하지 맙시다. 당신도 할 수 있습니다.

어렵지도 않고, 복잡하지도 않은 공부의 기술이며 공부의 힘입니다. 합격을 바라고 있는 당신이라면 실천이 얼마나 중요한지를 알아야 합니다.

이 책을 마무리하며 마지막 당부를 드립니다.

제가 지금까지 전한 〈공무원 시험의 코칭〉의 내용은 지금 제 옆에서 공부하는 3년차 수험생인 세민이, 6년차 수험생인 성희에게 전하고 싶은 이야기이기도 합니다.

오디오에서 피아노 선율이 가득한 새벽입니다. 새벽 4시가 넘은 교실에는 우리들의 추억이 새겨집니다. 2주 뒤면 시험이 있습니다.

가을에 만나 어설픈 인사를 하고, 지금은 합격을 향해 두려운 마음을 진정시키지 못해 밤을 부여잡고 시간을 아끼려 새벽을 걷는 처절한 노력을 함께 하고 있습니다.

오롯이 자신이 책임져야 할 시간이기에 조용히 마음에서 바랍니다. 그간의 노력이 헛되지 않기를 기원합니다.

외우고 돌아서면 또 헷갈린다는 세민이. 문제지를 보는 것이 너무 두렵다는 말을 웃으면서 하지만 그 마음이 얼마나 까맣게 타들어 갈지를 알기에….

이런 마음의 위로 하나, 글로 남깁니다.

세민아! 성희야!

이번에는 너희들이 활짝 웃는 모습을 보고 싶구나.

그러게, 너희들이 얼마나 열심히 노력했는지를 내가 끝까지 보았고 너희들이 얼마나 힘겨워 하는지도 내가 보았으니 너희들은 이미 합격생이다.

머리가 안 좋다고 두 배, 세 배 노력하는 것을 보면 너희들은 이미 대한민국 공무원이다.

그래도 만약, 아주 만약… 합격자 명단에 이름이 없더라도 실망하지는 말자. 실패를 너무 많이 해서 위로가 될지 모르겠지만, 내가 너희들보다 실패를 더 많이 해서 얼마나 아플지도 알기에 말한다. '그래도 견뎌야 한다.'

분명 이유가 있을 거라고, 아직 나의 시간이 아니어서 꽃이 피지 않은 거라고, 우리도 언젠가 계절이 바뀌어 만개滿開할 시간이 온다는 것을 믿자.

'매화는 겨울에 핀다.'

'매화는 다른 꽃들과 봄을 다투지 않는다.'

너희에게 이 말을 하고 싶었다. 그리고 지금 하는 걱정과 염려가 너희들에게까지 전해지지 않았으면 정말 기쁘고 좋을 거라고 기도하며 이 글을 마친다.

19

대한민국에서
공무원 시험 준비를 하는
당신께

유구한 시간, 오랜 고난의 역사를 가진 대한민국입니다.

경제가 어렵다고 합니다. 세계 경제는 시계視界 제로zero라고 말하는 이도 있습니다.

어려운 시간에는 늘 해결책을 찾기 위한 몸부림이 있었습니다.

그저 하나입니다. 내 가족입니다. 나를 둘러싼 주변의 행복입니다.

대한민국은 지금 역사의 소용돌이에 일찍이 없던 공무원 되기 열풍이 일고 있습니다. 점점 더 많은 사람들이 관심을 갖기 시작합니다.

일자리가 없어지고, 고용이 불안정한 사회에서 안정을 외치는 일이 너무나 자연스럽습니다.

그저 하나입니다. 욕심이 많아서도 아니고, 사람들을 이겨서 내가 더 소유하려는 것도 아닙니다.

명예가 우선시 되던 시대도 있었습니다. 공무원의 꿈이 명예나 권세를 찾는 시간이 아니라, 가정을 지키기 위한 한 개인의 몸부림이라 생각합니다.

대한민국의 공복.

공무원은 우리나라의 미래를 이끌 주역이 될 것입니다. 한 사람을 위하는 것이 아닌, 대한민국을 위해서 일할 인재등용의 장이 바로 공무원 시험입니다.

이제 현실을 봅니다.

<묻지마식 공무원 열풍>입니다. 무조건 공무원이 되어야 한다고 합니다. 무슨 직렬이건 우선 붙고 봐야 한다고 합니다.

어른도, 아이도, 직장인도, 주부도 모두 공시열풍에 뛰어들

려 합니다.

많은 초보 수험생을 만났고, 오랫동안 수험에 매달리는 공시생을 만났습니다.

'이 정도로 심각한가!' 할 정도로 많은 사람들의 관심사입니다.

노량진은 공무원 시험의 메카처럼 많은 수험생들이 찾는 곳입니다. 하지만 어디에서도 공무원 시험에 대한 이야기를 하려고 하지 않습니다.

학원에 오라고 합니다. 학원에서 모든 커리큘럼을 짜 놓았으니 그대로 실행만 하라고 합니다. 질문은 받지 않습니다. 들으라고만 합니다. 권위에 대한 복종만을 배웁니다.

이 책은 공무원 시험을 준비하는 분들을 위한 노량진 365일의 기록입니다. 수험생들의 처절한 시간을 기록한 것이고 초보 수험생들의 막막한 하소연을 옮겨 놓은 것입니다.

과정이 있어야 결과가 있습니다. 적게는 30분, 많게는 6시간의 상담을 한 적이 있습니다.

공부하는 방법을 배우고 익히는 시간이 필요합니다. 공부의 기술을 말하고 싶었습니다.

시험공부는 단지 시험을 위한 공부일 뿐입니다. 그리 거창할 것 없는 이러한 기술을 어렵게 포장해서 상업화시키는 현실을 안타까운 마음으로 지켜봐야 했습니다.

단순하게 공부하십시오. 사법고시를 준비하는 공부도 아닙니다. 대학원 전공 과정도 아닙니다. 공무원 9급 공무원 시험입니다.

기출은 반복되었고, 늘 나오는 부분을 집중적으로 출제하고 있습니다. 시험을 바라보는 관점을 달리 해야 합니다.

두꺼운 교재를 보지 말아야 합니다.

동영상 강의를 너무 많이 듣지 말아야 합니다.

자신이 직접 책을 읽고 반복하는 연습을 해야 합니다.

자기가 약한 과목에 몰두하기보다는 강한 과목을 전략과목 삼아 만점에 가까운 점수를 확보하는 것도 잊지 마셔야 합니다.

쉬운 문제를 먼저 해결하십시오. 그러고 나서 어려운 문제를 고민합시다.

뼈대가 없는 공부를 하지 마십시오. 개념을 이해하고 암기하는 데 많은 시간을 투자해야 합니다. 숲을 먼저 보기를 바랍니다.

고집을 피울 때, 피우십시오. 자신이 공부한 것에 빠져 들어 스스로 출제자가 되려 하면 안 됩니다.

출제자의 의도를 가장 잘 파악하는 것은 기출문제입니다. 이것이 중심이 되고, 기본서를 반복해서 본다면 당신은 가장 쉽고 빠른 방법으로 합격의 영광을 맞이하게 될 것입니다.

20

어머니의 편지

아들아, 딸아.

엄마가 살아보니 세상일이 억지로 되는 게 많지 않더구나. 늘 순리에 맞게 살자꾸나.

바람이 불면 바람을 맞았었고, 비가 오면 그 비를 맞으면서 내 인생을 살았지. 피한다고 했는데도 내 마음대로 되지 않는 게 세상일이 아닐까 생각한다.

다른 사람에게 상처 주지 말고, 네 것을 베풀 수 있을 때면 나누어도 주거라.

살아보니 많이 배운 사람들보다 엄마처럼 못 배워도 잘 사는 사람이 많아.

욕심은 끝이 없어 늘 자신이 가지지 못한 것을 부러워하더구나.

엄마는 너희들이 보물이라고 생각하고 살았어.

부족한 살림에 넉넉히 먹이고 입히지 못해 늘 미안해. 네가 가지고 싶다던 것들을 내가 알았지만, 나중에 이 다음에 하다 보니… 이렇게 너는 훌쩍 커버렸구나.

네가 공무원 시험을 준비한다고 했던 날도 마음이 무거운 하루였었다. 내가 뒷바라지를 잘 해야 하는데, 대학 등록금도 학자금 대출을 받아 빚이 있는데 또다시 감당하기가 내심 버거웠었다.

네 꿈이 무엇인지, 왜 공무원 시험을 보는지는 엄마도 알 수 있다. 남들처럼 살고 싶었을 거야. 너도 남들이 사는 걸 봤으니 그 길이 네게도 좋아 보였을 게야.

옆집에 사는 영철이는 공무원 하겠다고 고등학교 졸업하고 바로 시험에 붙었지. 그게 벌써 7년 전이네.

네 친구를 보고 네가 부러워하고 공부를 시작하는 것도 알

아. 하지만 영철이는 너를 부러워한 적도 많았어.

네가 대학교 다니며 친구들이랑 낭만과 즐거움을 찾을 때, 직장인이 된 영철이는 늦은 귀가를 하고 피곤에 지친 모습으로 내게 인사를 하곤 했다.

사회생활과 직장생활이 어디 가나 쉽지는 않은 게지. 남을 부러워하고 닮으려 하는 것은 좋은 일이야. 그래야 발전도 있고 노력도 하게 되는 게 맞아.

하지만 아들아, 딸아.

세상을 비교하며 살지는 말자꾸나.

엄마도 살면서 깨닫고, 배우고 또다시 뉘우치는 게 지금도 많아.

살아보니 나이 들면 세 끼 밥 먹고, 누일 곳 하나 있는 방 하나면 되더라.

가끔 자식들 하나, 둘 찾아와 인사하고 밥 한 끼 먹고 명절 보내면 되는 거지.

내가 널 보는 것도 명절 두 번 그리고 엄마 생일날 아빠 제삿날 이렇게 네 번 되나….

하지만 앞집 김 할머니는 아들이 셋인데 1년에 한 번도 안
오는 큰아들 때문에 매일 내게 와서 하소연의 눈물을 짓고 가
시곤 해.

어렵게 키운 자식 잘되라고 정화수 떠 놓고 기도한 게 얼마
인데 이렇게 에미 못에 대못을 박는다고 늘 울다 가시곤 하지.

한때는 대기업 다닌다고 자랑했지만 요즈음은 자식 원망하
고 다니기 바쁘셔. 김 할머니 보면서 또 하나 배운다.

엄마는 자랑도 안 하고, 너희들 원망도 안 하려고 해. 너희
는 너희들대로 잘돼서 잘 살면 되지. 엄마는 그게 다야.

오늘도 혼자 밥을 먹는다.

네가 사 준 라디오가 있어 적적하진 않아. 괜찮아.

그래, 너 하는 공부는 잘 되고 있니? 저번에 볼 때 조금은
수척해진 얼굴이 맘에 걸린다.

공무원 시험이 '하늘에 별 따기'라고 하는데 우리 아들과 딸
도 그 틈바구니에서 살아가느라 얼마나 힘이 들까 생각하니
마음이 아리다.

큰 욕심 부리지 말고, 네가 열심히 한 그 만큼만 바라자꾸나.

다들 열심히 하는데 내 자식만 먼저 되길 바라지는 않는다.

엄마가 아는 건, 노력하고 땀 흘리고 하는 게 언젠가 보상이 있을 거라는 거야.

어릴 적, 네게 읽어준 개미와 배짱이 이야기처럼 게으르고, 노력하지 않으면서 세상을 살면 절대 안 된다.

살면서 요행을 바란 적도 없지만, 설사 좋은 일이 오면 곧이어 힘든 일도 오더구나.

간간이 부는 선선한 가을바람이 한여름 더위를 이기도록 위로하듯이 살다 보면 좋은 날도 올 것이라 믿는다.

결혼도 하고, 아이들도 낳고, 여행도 다니고 하거라. 취직이 어려워 포기하는 것이 많다던데, 살기가 어렵기는 어렵나 보다.

시장에서 야채 장사하는 동생은 요즘 늘 울상이다. 너무 사는 게 힘들다고….

하루를 살아간다는 게, 세월을 돌이켜 보니 엄마도 견디고 또 그렇게 하루를 버틴 것 같아. 그게 인생인 것 같기도 하구.

네가 택한 공무원 시험도 어렵기는 마찬가지라고 하지. 세상에 쉬운 것이 어디 있겠니?

엄마도 34살에 미용사 자격증 딴다고 밤을 새워 공부해, 제일 늦은 나이에 자격증 시험을 보러 포항을 갔다 왔었지.

'내가 될까?' 하며 새벽까지 공부했는데…

전혀 기대 안 하고 시험을 보러 가기 위해 이모 옷을 빌려 갔다 온 시험이었어. 그때는 왜 이리 가난한 시절이었는지, 외출복 한 벌 가지고 있는 게 없었어.

명단에 내 이름이 있다고 학원의 어린 친구들이 가 보라고 하기에 명단을 뚫어지게 보니 거기 엄마 이름이 있지 뭐니…

그 날은 정말, 정말 기쁜 날이고 스스로가 대견스러웠다. 평생 잊을 수 없는 하루로 남아 너희들에게 자랑을 하네.

'한 번에 됐지 뭐니^^'

나도 그때 깜짝 놀랐어. 먹고 사는 게 힘들고, 네 아빠도 벌이가 별로 없어 엄마라도 뭐든 해서 너희들 먹이고 입혀야 하기에 한 푼 벌려고 한 그 일을 20년을 넘게 하고 살았지.

'가야미용실.'

그 덕에 우리 아들과 딸은 머리카락 들어간 밥도 많이 먹었지. 엄마 옷에 묻은 머리카락이 밥 하는 사이에 들어간 걸 엄마는 몰랐었다.

너희들은 조용히 웃으며 머리카락을 걷어 내며 밥을 먹는다
는 걸 나중에야 알았었지.

그러게, 엄마에게는 너희들이 있어서 그 시간을 버티고 견
딘 거야. 세상의 힘겨움을….

아들아, 딸아.

부족한 엄마 이야기이지만 너희들도 살면서 느끼는 게 다
비슷할 거야. 사람 사는 게 별반 다르지 않다는 것을….

그저, 아프지 말고 세 끼 식사 꼭 챙겨 먹고 살아라. 너희들
은 아침을 거르면 맥을 못 추곤 했는데….

밤 늦도록 공부하느라 많이 힘든 걸 내가 알지. 공부도 즐기
면서 해야 재미있단다.

등 따스고 배부르면 공부하기도 싫고, 사람이 교만해지더구나.

엄마가 아는 중요한 공부법 하나 건네고 마치련다.

아들아, 딸아!

그때, 내가 한 번에 붙은 건… 미용사 시험에 한 번에 합격
한 것을 두고두고 네 아빠에게 감사하곤 했다.

그때는 정말 절박했거든, 부식비도 없고 먹을 쌀이 떨어져 가는 시기에 고모할머니께 몰래 돈을 꾸어서까지 공부한 시기 니 너무나도 절박한 상황이었단다. 네 아빠도 대책이 없었 고….

세상일이 그래.

죽을 각오로, 이거 아니면 우리 애들 굶어 죽는다고 생각하 니 잠이 오나, 밥이 넘어 가나 싶더구나.

미친년처럼 외우고 잠 안 자고 연습하고 외우기를 반복했다. 그래서 붙은 거였다.

엄마가 한 번에 붙은 건, 가난한 네 아빠를 만나서였지만 그 래서 그 사람이 고맙기는 하다.

아들아, 딸아.

항상 용기 잃지 말고 세상에도 당당하지만, 너희들 스스로 에게 당당하게 살아야 한다. 없다고 기죽지 말고, 못한다고 좌 절하지 말고 살다보면 너희들 차례가 될 것을 믿는다.

매화는 겨울이 돼야 핀다.

베란다에 매화나무는 올해도 꽃을 피웠지.

너희들의 아름다운 시간이 얼른 오기를 바라지만 그때까지

엄마도 꼭 같이 기다리며 기도할게.

사랑한다.

21.

노량진의 사계(四季)

봄 이야기

개나리꽃이 물드는 오래된 골목 정원에는 눈이 부신 노란색 새내기들이 방긋 미소를 짓습니다.

서울의 봄.

노량진의 봄은 공부를 시작하는 새내기들과 어우러지는 시간입니다.

고개 숙인 어깨를 다시금 올리고 기운을 돋우는 장수 수험생도 있습니다.

공부를 오래 한 것과 새내기 수험생은 차이가 없습니다.

오래 공부한 것이 합격을 보장하지는 않습니다.
같은 출발점에서 계획을 세우고 준비를 합니다.

'올해는 합격한다!'

여름 이야기
너무 더워 숨이 목까지 찹니다.
아스팔트의 열기는 노량진의 거리를 아지랑이로 물들이고 수험생의 막바지 노력은
새벽이 되어서야 쉼을 찾습니다.
6월은 시험이 몰려 있는 시간입니다.
지방직과 서울시 시험은 반드시 붙어야 합니다.
언제까지 노량진에 있을 수는 없습니다.
통장 잔고는 바닥을 보이고 내 주머니에는 동전 소리만 요란합니다.
이제는 진짜 내가 누구인지 알고 싶습니다.
합격을 해야 합니다.
혼신의 힘을 다해 눈에 힘을 주고 어금니를 깨물어 봅니다.

'조금만 참고 버티자, 조금만 더.'

가을 이야기

합격을 기다리는 동안이 참 힘든 시간이란 걸 알았습니다.

필기합격자 합격문자가 온 그 날은 입꼬리가 귀에 올라갑니다.

그간의 힘겨움이 봄 눈 녹듯이 사라지고 오늘은 완전 기쁜 날입니다.

이제 면접 준비를 해야 합니다.

면접을 마치고 또 기다립니다.

공무원시험을 준비하며 기다릴 줄 아는 사람이 되었습니다.

공부를 하는 동안 겸손한 수도승이 되어 갑니다.

기다림은 늘 설렘이 있는 고통이지만

그래도 괜찮습니다.

'합격만 된다면…'

겨울이야기

연극이 끝난 무대처럼 황량한 거리 노량진입니다.

잔치가 끝나고 가쁜 숨을 몰아쉬던 시간도 전설이 되었습니다.

매서운 추위에 작은 희망 하나 부여잡고 노량진의

후미진 골목을 다시 지납니다.

언 손을 호호 불며 귀를 만집니다.

가방에 살던 책과 볼펜을 꺼내니 눈이 흐려집니다.

러닝메이트를 자처하던 현진이는 떠나고 함께 한

웃음소리만 거리의 추억으로 남았습니다.

'다시 봄이 올까요?'

눈이 내립니다.

하늘을 쳐다봅니다.

끝없이 많은 백설의 꿈들이 가라앉듯 지상으로 향합니다.

우리는 다시 노량진에 있습니다.

이 땅을 밟고 내일부터 다시 시작해야 합니다.

겨울을 잘 준비해야 합니다.

다시 나의 봄을 기다리는 연습을 해야 합니다.

노량진의 네 계절을 수험생의 시간으로 마주한 1년입니다.
우리들의 이름은 공무원 시험을 준비하는 공시생입니다.

에필로그(Epilogue)

　노량진의 후미진 골목에도 햇볕은 들고, 작은 민들레 하늘거리는 봄입니다.

　즐기는 자를 이길 수는 없습니다. 공부를 하는 동안 내내 가지고 있던 생각은 효율적인 학습을 구현하는 것이었습니다. 시간은 한정되어 있고, 개개인의 학습 편차가 있습니다.

　그러나 시험공부는 이러한 장벽을 뛰어넘을 수 있습니다. 어떻게 가능할까요? 우리가 준비하는 시험은 분명한 목표와 반대급부가 있습니다.

　'진인사대천명(盡人事待天命)' 그저 최선을 다하시면, 죽을 만큼 최선을 다하시면 그만입니다. 그 다음은 조용히 기다릴 줄도 알아야 합니다. 다른 사람과 싸우는 경쟁이 결코 아닙니다. 자신을 이겨내고, 견뎌내고, 버티는 시간이 수험기간입니다.

그렇다면 이제 구체적인 합격전략을 세워야 합니다. '올해 합격한다!' 이런 것 말고, 좀 더 구체적으로 계획을 정리하고 실천해야 합니다. 예를 들어 본인이 응시하는 시험의 예상 커트라인이 있습니다. 그 점수를 과목별로 구체적으로 수립하십시오. 예를 들면,

국어 85점 영어 80점 한국사 90점

공통 총점 : 255점

선택과목 행정학 90점 = 조정점수 65점

사회 80점 = 조정점수 55점

총점: 375점(예상점수)

만약 이러한 구체성 없이, 다만 열심히만 하자는 식으로 공부한다면 불합격할 확률이 아주 높습니다. 시험의 기술이 없기에 그러합니다.

정상에서 시원한 바람을 맞이할 정도의 땀과 눈물을 지금은 쏟아내야 할 때입니다. 과거는 이미 지난 일, 미래는 누구도 알 수 없는 일이라 합니다. 오직, 지금 이 순간만은 바꿀 수 있습니다.

이 책은 새벽까지 깨어, 효율적인 공부법과 학습을 위해 연

구하고 노력한 기록입니다. 누구도 하지 않아서 알아주는 이도 많지 않은 일을, 누구도 믿지 않는 우공이산 같은 삶을 살고 있지만, 어느 한 분의 절실함이라도 있다면 시험의 코칭은 존재해야 합니다.

노량진은 365일 수험생이 오고 가는 희망의 땅입니다. 여기 작은 기록 하나를 남기고 갑니다. 사랑합니다. 아직도 추운 겨울처럼 인고의 시간을 버텨야 할 이들에게 진심어린 기도를 합니다.

이 책이 나오기까지 노량진 작은 서재에서 크고 작은 일을 도와 준 세현이, 정민이, 동민이, 동환이, 찬도, 석란 수험생, 병숙 수험생, 세민이, 성이, 수빈이, 록이, 광현이, 몽실이에게 감사를 전합니다.

노량진 서재에서 **정산(鄭山)**